I0539485

BESTACTIVITYBOOKS.COM

Copyright © 2022 LINGUAS CLASSICS

Todos los derechos están reservados. Ninguna parte de este libro puede ser reproducida o utilizada de ninguna manera sin el permiso escrito del titular de los derechos de autor, excepto para el uso de citas en una reseña de libros.

PRIMERA EDICIÓN - 2022

Ilustración Gráfica Extra: www.freepik.com
Gracias a Alekksall, Starline, Pch.vector, Rawpixel.com, Vectorpocket, Dgim-studio, Upklyak, Macrovector, Stockgiu, Pikisuperstar & Freepik.com Designers

Descubra Juegos Gratis Online

Disponibles Aquí:

BestActivityBooks.com/FREEGAMES

5 CONSEJOS PARA EMPEZAR

1) CÓMO RESOLVER LAS SOPA DE LETRAS

Los rompecabezas tienen un formato clásico:

- Las palabras se ocultan sin espacios ni guiones,...
- Orientación: Las palabras pueden escribirse hacia delante, hacia atrás, hacia arriba, hacia abajo o en diagonal (pueden estar invertidas).
- Las palabras pueden superponerse o cruzarse.

2) APRENDIZAJE ACTIVO

Junto a cada palabra hay un espacio para anotar la traducción. Para fomentar un aprendizaje activo, un **DICCIONARIO** al final de esta edición te permitirá comprobar y ampliar tus conocimientos. Busca y anota las traducciones, encuéntralas en el puzzle y añádelas a tu vocabulario!

3) MARCAR LAS PALABRAS

Puedes inventar tu propio sistema de marcado. ¿Quizás ya usas uno? También puedes, por ejemplo, marcar las palabras difíciles de encontrar con una cruz, las que te gustan con una estrella, las nuevas con un triángulo, las raras con un diamante, etc.

4) ESTRUCTURAR EL APRENDIZAJE

Esta edición ofrece un **CUADERNO DE NOTAS** muy práctico al final del libro. En vacaciones, de viaje o en casa, podrás organizar fácilmente tus nuevos conocimientos sin necesidad de un segundo cuaderno!

5) ¿HABÉIS TERMINADO TODAS LAS PARRILLAS?

En las últimas páginas de este libro, en la sección **DESAFÍO FINAL**, encontrarás un juego gratis!

¡Rápido y sencillo! Echa un vistazo a nuestra colección de libros de actividades para tu próximo momento de diversión y aprendizaje, ¡a sólo un clic de distancia!

Encuentre su próximo reto en:

BestActivityBooks.com/MiProximoLibro

En sus marcas, listos, ¡Ya!

¿Sabías que hay unas 7.000 lenguas diferentes en el mundo? Las palabras son preciosas.

Nos encantan los idiomas y hemos trabajado duro para crear libros de la más alta calidad para tí. ¿Nuestros ingredientes?

Una selección de temas adecuados para el aprendizaje, tres buenas porciones de entretenimiento, y luego añadimos una cucharada de palabras difíciles y una pizca de palabras raras. Los servimos con cariño y máxima diversión para que puedas resolver los mejores juegos de palabras y te diviertas aprendiendo!

Tu opinión es esencial. Puedes participar activamente en el éxito de este libro dejándonos un comentario. Nos encantaría saber qué es lo que más le ha gustado de esta edición.

Aquí hay un enlace rápido a tu página de pedidos:

BestBooksActivity.com/Opiniones50

Gracias por tu ayuda y diviértete!

Todo el equipo

1 - Agua

M	G	W	O	W	Y	M	O	C	E	A	A	N	O	I	I
Y	O	U	P	I	N	G	I	T	H	C	O	V	R	R	V
H	X	E	P	L	A	M	L	M	C	I	K	U	K	R	O
X	G	E	S	K	L	D	U	I	U	C	E	L	A	I	C
Q	E	N	A	S	T	O	G	S	O	M	A	V	A	G	H
R	I	S	G	Y	O	I	Z	N	D	M	Q	R	N	A	T
K	S	K	Y	C	R	N	V	O	R	S	T	V	P	T	I
A	E	E	O	B	T	R	G	Q	E	Z	J	I	H	I	G
N	R	B	B	F	O	A	B	R	E	I	V	I	R	E	H
A	Q	L	I	W	G	N	I	P	M	A	D	R	E	V	E
A	L	F	J	R	K	K	U	J	O	J	M	G	G	G	I
L	F	W	H	X	T	E	L	G	O	N	W	O	J	O	D
B	X	H	M	R	E	G	E	N	T	P	J	L	Y	B	K
B	O	G	N	I	M	O	R	T	S	R	E	V	O	N	Z
D	R	I	N	K	B	A	A	R	C	F	I	E	Z	E	C
F	Y	F	L	C	E	T	P	J	A	D	R	N	Y	A	I

KANAAL
DOUCHE
VERDAMPING
GEISER
VORST
IJS
VOCHTIGHEID
ORKAAN
VOCHTIG
OVERSTROMING

MEER
REGEN
MOESSON
SNEEUW
OCEAAN
GOLVEN
DRINKBAAR
IRRIGATIE
RIVIER
STOOM

2 - Arqueología

D	N	E	K	E	B	N	O	A	Z	P	R	U	N	T	N
R	E	D	Q	V	E	V	A	L	U	A	T	I	E	I	A
O	K	S	V	E	R	G	E	T	E	N	F	V	T	J	K
S	B	B	K	V	L	S	B	G	E	S	X	C	T	D	O
S	D	J	Y	U	F	F	P	F	V	Z	J	Q	O	P	M
E	O	A	E	G	N	I	V	A	H	C	S	E	B	E	E
F	U	N	V	C	G	D	B	R	U	X	H	K	F	R	L
O	D	A	K	K	T	H	I	G	Z	J	O	P	O	K	I
R	H	L	T	G	K	E	K	G	I	F	A	E	S	E	N
P	E	Y	E	L	T	L	N	W	E	J	D	I	S	X	G
H	I	S	M	S	E	I	W	K	I	L	E	R	I	R	P
J	D	E	P	I	A	R	K	O	S	A	B	E	E	O	C
V	A	P	E	X	M	T	T	K	F	S	K	T	L	G	C
C	C	R	L	W	J	D	X	O	X	N	S	S	W	U	Z
R	E	K	E	O	Z	R	E	D	N	O	I	Y	U	N	N
O	A	E	F	N	B	J	F	Z	O	S	O	M	D	U	R

ANALYSE
OUDHEID
JAREN
BESCHAVING
NAKOMELING
ONBEKEND
TEAM
TIJDPERK
EVALUATIE
DESKUNDIGE
FOSSIEL
BOTTEN
ONDERZOEKER
MYSTERIE
OBJECTEN
VERGETEN
PROFESSOR
RELIKWIE
TEMPEL
GRAF

3 - Granja #2

B	F	T	K	E	E	N	D	X	J	B	S	S	C	I	E
Z	Q	Q	P	N	S	Ï	A	M	Z	V	V	Y	B	R	Q
A	A	X	Z	U	F	C	U	H	B	P	E	F	L	R	C
W	H	N	J	O	G	J	H	I	C	K	R	Q	E	I	B
Y	F	Y	R	C	B	T	I	U	R	F	J	T	P	G	T
C	C	L	B	F	T	S	L	Z	U	L	V	P	K	A	R
L	R	J	O	R	E	R	F	E	Y	R	X	O	D	T	A
U	G	L	E	S	D	E	O	V	B	H	M	A	L	I	C
M	S	L	R	N	F	G	J	E	O	K	E	E	O	E	T
B	I	J	E	N	K	O	R	F	O	V	P	R	L	U	O
C	J	U	H	E	E	G	W	S	M	E	O	X	D	K	R
J	S	A	S	R	V	E	E	C	G	K	Y	V	L	E	S
R	A	S	D	E	A	B	I	H	A	M	A	L	J	N	R
I	A	Q	V	I	H	L	D	A	A	I	C	H	N	W	T
P	C	O	H	D	A	G	E	A	R	T	A	R	W	E	Z
O	G	R	O	E	N	T	E	P	D	S	X	P	D	S	W

BOER
DIEREN
GERST
BIJENKORF
VOEDSEL
LAM
FRUIT
SCHUUR
BOOMGAARD
MELK
LAMA
MAÏS
SCHAAP
HERDER
EEND
WEIDE
IRRIGATIE
TRACTOR
TARWE
GROENTE

4 - La Empresa

I	K	F	S	P	R	O	D	U	C	T	F	J	S	X	I
V	N	B	D	P	R	E	S	E	N	T	A	T	I	E	R
V	O	V	N	E	T	S	M	O	K	N	I	Z	V	L	A
G	I	O	E	G	L	O	B	A	A	L	D	N	M	E	T
E	N	Y	R	S	W	E	Q	F	A	I	A	O	B	E	O
W	D	Z	T	U	T	N	Y	R	Z	H	K	N	M	N	Q
L	U	N	T	D	I	E	H	K	J	I	L	E	G	O	M
O	S	X	N	B	Z	T	R	M	S	F	C	D	R	I	R
O	T	Q	V	O	C	G	G	I	Z	Z	A	E	E	S	R
N	R	Z	A	L	S	R	M	A	N	U	W	H	P	S	I
G	I	P	B	M	O	I	E	K	N	G	I	N	U	E	S
P	E	O	T	Q	P	J	T	A	S	G	S	E	T	F	I
K	W	A	L	I	T	E	I	T	T	V	G	E	A	O	C
I	N	N	O	V	A	T	I	E	F	I	C	U	T	R	O
G	V	G	E	N	E	R	E	R	E	N	E	F	I	P	S
C	D	B	E	S	L	I	S	S	I	N	G	F	E	H	N

KWALITEIT
CREATIEF
BESLISSING
GENEREREN
GLOBAAL
INDUSTRIE
INKOMSTEN
INNOVATIEF
INVESTERING
ZAAK
MOGELIJKHEID
PRESENTATIE
PRODUCT
PROFESSIONEEL
VOORUITGANG
REPUTATIE
RISICO'S
LOON
TRENDS
EENHEDEN

5 - Aviones

P	R	E	W	T	N	O	X	G	C	B	G	H	W	W	N
E	I	T	N	E	L	U	B	R	U	T	E	I	Y	A	A
M	A	L	E	M	E	H	M	P	H	C	S	C	L	T	V
R	D	A	O	L	U	U	W	V	H	O	C	E	U	E	I
E	I	T	T	O	L	B	H	E	U	Z	H	W	C	R	G
I	Y	C	J	M	T	G	P	X	F	I	I	B	H	S	E
G	O	C	H	N	O	L	L	A	B	Q	E	R	T	T	R
A	P	N	Y	T	S	S	B	O	U	W	D	A	M	O	E
S	A	P	L	G	I	S	F	G	C	L	E	N	H	F	N
S	M	O	T	O	R	N	X	E	Z	R	N	D	F	M	E
A	H	O	O	G	T	E	G	O	E	O	I	S	S	V	D
P	B	E	M	A	N	N	I	N	G	R	S	T	D	N	N
P	R	O	P	E	L	L	E	R	S	U	H	O	W	S	A
A	V	O	N	T	U	U	R	F	S	C	U	F	E	I	L
M	M	D	R	B	I	S	I	M	I	Z	V	I	N	T	B
M	R	R	M	J	K	R	I	S	S	G	T	J	Q	S	P

LUCHT
HOOGTE
LANDEN
ATMOSFEER
AVONTUUR
HEMEL
BRANDSTOF
BOUW
RICHTING
ONTWERP
BALLON
PROPELLERS
WATERSTOF
GESCHIEDENIS
MOTOR
NAVIGEREN
PASSAGIER
PILOOT
BEMANNING
TURBULENTIE

6 - Tipos de Cabello

D	K	C	D	Z	F	E	U	G	L	J	R	L	E	R	E
Y	E	B	J	L	N	C	L	I	P	I	F	B	N	J	N
M	J	V	C	D	J	P	C	Z	M	L	B	P	I	W	B
G	E	V	L	O	C	H	T	E	N	E	L	L	U	R	K
N	G	Z	A	C	H	T	J	B	S	G	J	P	R	I	I
A	D	E	A	R	I	R	V	N	Z	N	D	O	B	R	D
L	R	M	Z	F	K	O	S	J	I	R	G	W	H	G	H
A	O	I	Z	O	N	K	G	V	L	G	H	A	I	X	W
A	O	Z	O	S	N	U	M	Z	V	Q	T	I	W	T	J
K	G	X	P	N	X	D	D	V	E	Y	P	D	L	T	Z
G	L	I	M	M	E	N	D	M	R	F	M	N	U	M	W
U	V	V	I	S	S	P	V	B	S	U	Q	O	Q	N	A
T	B	F	V	P	Z	U	E	D	A	O	L	L	N	S	R
V	L	E	C	H	T	E	N	O	P	O	G	B	Z	K	T
B	G	K	R	U	L	L	E	N	D	N	E	V	L	O	G
O	J	X	G	E	B	J	Y	F	E	S	E	F	Y	J	X

WIT
GLIMMEND
KAAL
KORT
DUN
GRIJS
DIK
LANG
BRUIN
ZWART
GOLVEND
ZILVER
KRULLEND
KRULLEN
BLOND
GEZOND
DROOG
ZACHT
GEVLOCHTEN
VLECHTEN

7 - Ciencia Ficción

M	P	V	S	V	G	Y	O	L	T	B	O	E	T	W	Q
G	B	B	M	E	E	R	T	X	E	I	O	X	E	E	W
T	U	R	O	R	F	A	F	S	E	O	J	P	C	R	N
D	O	H	O	E	H	O	U	E	N	S	V	L	H	E	M
I	V	O	T	G	K	Z	B	X	A	C	Q	O	N	L	Y
X	E	F	A	R	X	E	Z	D	L	O	W	S	O	D	S
E	D	U	D	A	N	W	N	Y	P	O	D	I	L	X	T
R	O	B	O	T	S	O	Y	I	B	P	B	E	O	Q	E
F	A	N	T	A	S	T	I	S	C	H	R	I	G	X	R
G	I	D	L	E	E	B	K	N	E	D	A	P	I	B	I
F	H	L	K	A	V	E	M	N	Z	C	N	O	E	L	E
U	N	E	L	H	O	I	W	M	I	Q	D	T	U	V	U
W	B	K	W	U	T	Y	J	C	Z	D	E	U	Y	Y	S
I	N	A	H	C	S	I	T	S	I	L	A	E	R	M	W
A	M	R	H	C	S	I	T	S	I	R	U	T	U	F	B
T	I	O	I	R	A	N	E	C	S	P	T	V	T	H	Q

ATOOM
BIOSCOOP
VER
SCENARIO
EXPLOSIE
EXTREEM
FANTASTISCH
BRAND
FUTURISTISCH
ILLUSIE
DENKBEELDIG
BOEKEN
MYSTERIEUS
WERELD
ORAKEL
PLANEET
REALISTISCH
ROBOTS
TECHNOLOGIE
UTOPIE

8 - Granja #1

H	F	Z	F	K	I	U	U	R	J	R	P	I	Q	U	E
G	O	W	W	P	M	B	P	R	E	T	A	W	C	A	Z
J	W	N	T	S	J	I	R	Z	V	L	A	J	S	T	E
H	H	P	I	K	I	M	L	Y	E	A	R	S	B	S	L
X	E	T	E	N	M	B	I	J	L	N	D	K	P	G	M
V	K	M	G	T	G	E	O	K	D	D	E	R	G	R	Z
I	H	O	Y	K	J	C	S	C	R	B	P	I	L	Y	O
C	H	T	I	I	E	F	K	T	C	O	T	U	W	Z	H
O	O	B	Q	U	G	Q	J	X	Q	U	P	O	H	Z	W
Y	V	Q	N	D	E	G	I	E	B	W	V	A	Y	B	S
E	H	K	A	T	X	S	N	H	U	Y	V	Y	M	O	M
S	I	T	F	H	W	Q	H	O	I	X	W	R	R	K	C
D	A	E	S	S	L	S	C	N	P	H	N	J	F	U	Y
Z	A	D	E	N	A	B	C	D	Q	A	O	C	T	F	X
C	R	A	N	X	N	B	C	N	P	L	B	O	T	S	M
R	K	V	O	G	D	R	K	A	L	F	W	L	I	Q	I

BIJ
LANDBOUW
WATER
RIJST
EZEL
PAARD
GEIT
VELD
KRAAI
MEST

KAT
HOOI
HONING
HOND
KIP
ZADEN
KALF
LAND
KOE
HEK

9 - Camping

Y	K	M	C	C	S	N	A	A	M	E	P	T	V	V	S
K	A	N	O	X	R	A	V	T	B	Z	Q	E	I	M	Y
Y	Z	R	N	O	B	T	P	Z	U	X	Y	Z	O	X	E
C	W	N	X	L	R	U	U	M	P	C	I	S	V	P	H
B	U	O	F	W	D	U	V	V	O	R	Q	P	N	O	O
S	O	Y	E	H	I	R	K	O	T	K	U	K	Y	N	H
C	T	M	S	W	E	S	T	A	M	G	N	A	H	G	Z
U	C	F	E	E	R	R	H	Q	V	Z	V	U	U	P	X
Y	E	L	W	N	E	M	C	T	H	H	Z	F	H	M	C
H	S	H	C	G	N	R	A	A	T	N	A	L	M	E	A
D	N	A	R	B	R	U	J	G	B	J	N	B	O	E	B
E	I	F	B	E	V	Y	A	G	C	X	N	R	K	R	I
O	M	A	W	R	W	W	H	M	B	C	W	C	A	K	N
H	P	W	M	G	R	U	U	T	N	O	V	A	A	N	E
A	P	P	A	R	A	T	U	U	R	Y	S	D	R	H	I
M	S	S	B	Q	Y	F	X	S	H	K	W	D	T	T	T

DIEREN
AVONTUUR
BOMEN
BOS
KOMPAS
CABINE
KANO
JACHT
TOUW
APPARATUUR
BRAND
HANGMAT
INSECT
MEER
LANTAARN
MAAN
KAART
BERG
NATUUR
HOED

10 - Fruta

H	F	P	X	Y	M	S	Z	U	B	Z	K	E	Z	A	X
W	D	J	R	N	E	N	I	R	A	T	C	E	N	V	B
A	D	A	A	Y	L	G	W	E	N	J	D	V	E	O	F
H	J	P	N	W	O	N	I	E	A	J	S	A	O	C	G
V	Q	P	X	S	E	F	K	P	A	K	P	U	R	A	B
V	J	E	H	P	N	X	Y	E	N	J	A	G	T	D	R
D	R	L	O	R	A	N	J	E	B	X	U	V	I	O	R
P	E	R	Z	I	K	J	M	A	N	G	O	U	C	N	Y
B	D	J	C	R	V	R	A	D	J	N	Z	L	W	V	G
U	F	M	V	Z	S	G	G	P	R	U	C	K	K	V	I
K	O	K	O	S	N	O	O	T	A	U	E	K	E	J	V
T	Z	B	Q	L	Q	N	Q	J	S	P	I	N	N	R	V
B	W	J	E	Z	E	Y	Y	E	Z	F	P	F	F	F	S
E	W	F	V	A	I	S	L	A	B	R	I	K	O	O	S
S	U	S	Z	W	G	T	F	Z	V	T	A	V	E	S	M
A	N	A	N	A	S	O	O	B	M	A	R	F	H	Q	M

AVOCADO
ABRIKOOS
BES
KERS
KOKOSNOOT
FRAMBOOS
GUAVE
KIWI
CITROEN
MANGO
APPEL
PERZIK
MELOEN
ORANJE
NECTARINE
PAPAJA
PEER
ANANAS
BANAAN
DRUIF

11 - Geología

R	O	G	E	A	E	R	O	S	I	E	W	J	L	P	O
B	S	R	E	X	A	A	Z	U	U	R	Q	J	V	L	C
C	T	Z	O	I	D	R	A	Q	G	F	L	O	R	A	O
N	A	S	Q	N	S	V	D	R	U	D	D	A	R	T	N
I	L	V	G	E	Y	E	F	B	S	L	A	V	A	E	T
K	A	U	G	T	L	W	R	C	E	J	X	W	K	A	I
R	C	L	F	E	Y	N	F	A	G	V	L	P	H	U	N
I	T	K	D	I	A	D	R	L	R	T	I	O	K	Q	E
S	I	A	E	M	H	B	W	C	F	J	X	N	M	J	N
T	E	A	O	G	A	A	L	I	B	O	R	X	G	C	T
A	T	N	Z	A	W	L	A	U	V	U	S	T	W	D	I
L	Y	E	S	L	Z	F	A	M	T	C	T	S	D	B	H
L	Y	R	W	A	O	G	R	H	M	H	R	A	I	X	T
E	G	R	O	T	U	C	O	X	E	X	A	S	H	E	V
N	E	E	T	S	T	W	K	W	E	R	W	G	H	H	L
M	I	N	E	R	A	L	E	N	C	S	K	K	E	Q	F

ZUUR
CALCIUM
LAAG
GROT
CONTINENT
KORAAL
KRISTALLEN
KWARTS
EROSIE
STALACTIET
STALAGMIETEN
FOSSIEL
GEISER
LAVA
PLATEAU
MINERALEN
STEEN
ZOUT
AARDBEVING
VULKAAN

12 - Álgebra

D	I	A	G	R	A	M	D	Z	K	T	H	I	L	H	J
K	E	V	X	A	T	G	N	I	S	S	O	L	P	O	N
N	X	Y	D	X	A	K	I	F	V	Y	E	R	F	E	W
L	G	C	G	V	O	J	V	X	D	I	Y	K	X	V	C
A	E	L	E	B	A	I	R	A	V	O	S	D	D	E	P
L	F	V	U	K	D	L	U	N	U	V	X	I	Y	E	R
I	T	T	I	Y	N	E	S	S	O	L	P	O	E	L	O
N	U	N	R	F	O	R	M	U	L	E	E	M	W	H	B
E	J	C	O	E	I	T	C	A	R	F	L	G	T	E	L
A	R	R	T	J	K	P	K	B	N	Q	K	A	Q	I	E
I	G	L	C	K	M	K	W	H	T	P	A	B	M	D	E
R	O	I	A	A	D	D	E	Z	H	S	P	L	A	D	M
I	A	A	F	A	G	I	D	N	I	E	N	O	T	Y	N
F	R	X	M	H	E	X	P	O	N	E	N	T	R	K	W
X	O	T	V	P	C	T	N	U	M	M	E	R	I	H	J
V	E	R	G	E	L	I	J	K	I	N	G	L	X	H	A

HOEVEELHEID
NUL
DIAGRAM
DIVISIE
VERGELIJKING
EXPONENT
FACTOR
VALS
FORMULE
FRACTIE

ONEINDIG
LINEAIR
MATRIX
NUMMER
HAAKJE
PROBLEEM
OPLOSSEN
AFTREKKEN
OPLOSSING
VARIABELE

13 - Plantas

U	A	D	Y	X	A	B	I	L	Q	Q	Y	B	N	P	W
C	J	V	U	R	Y	G	D	U	F	R	U	L	C	L	K
O	C	B	F	D	Z	W	J	S	U	T	C	A	C	A	N
P	B	W	O	R	T	E	L	L	M	B	D	D	M	N	J
Z	E	A	R	V	Y	I	Z	M	D	R	B	C	E	T	M
O	B	R	M	D	K	Q	V	O	B	S	D	I	R	K	D
S	O	O	Q	B	K	N	F	S	C	T	H	C	T	U	E
T	O	L	X	Q	O	G	R	A	S	E	B	O	S	N	V
R	N	F	R	Y	R	E	K	L	I	M	O	P	E	D	S
U	E	T	R	E	D	A	L	B	E	G	V	Y	M	E	B
I	C	J	S	D	W	J	D	A	L	B	M	E	O	L	B
K	B	N	P	K	T	W	K	U	F	O	F	E	L	W	A
B	M	O	Q	Q	A	E	I	T	A	T	E	G	E	V	R
O	P	Z	O	C	F	Z	N	L	O	P	U	M	N	U	O
C	O	J	E	M	Q	T	U	I	N	H	O	M	R	D	O
U	F	I	B	V	C	F	S	V	C	B	D	K	B	E	P

STRUIK
BOOM
BAMBOE
BES
BOS
PLANTKUNDE
CACTUS
MEST
BLOEM
FLORA
GEBLADERTE
BOON
KLIMOP
GRAS
BLAD
TUIN
MOS
BLOEMBLAD
WORTEL
VEGETATIE

14 - Suministros de Arte

P	B	D	E	D	I	D	C	Y	M	D	Y	U	I	L	A
A	R	F	D	K	Y	E	R	I	H	P	B	P	D	J	Q
S	M	L	D	O	H	L	E	O	T	S	E	A	E	D	U
T	G	P	R	V	W	Y	A	K	Q	K	Z	P	E	K	A
E	T	A	F	E	L	R	T	G	Q	K	E	I	Ë	K	R
L	O	W	K	G	P	C	I	W	J	B	L	E	N	L	E
U	A	E	M	S	O	A	V	Z	A	P	T	R	L	E	L
C	A	M	E	R	A	M	I	O	A	T	W	X	I	I	L
Z	L	Z	B	W	X	N	T	G	L	P	E	F	J	H	E
G	G	D	Q	L	L	E	E	I	K	I	L	R	M	U	N
D	Q	Z	C	X	B	R	I	P	M	W	E	E	D	F	O
K	K	P	R	Q	I	U	T	J	X	J	L	V	Q	M	Z
P	O	T	L	O	D	E	N	I	D	E	L	X	U	T	B
B	O	R	S	T	E	L	S	I	N	K	T	P	E	Q	A
S	Y	Q	B	L	Z	K	F	O	Y	P	K	O	M	L	A
B	O	Y	Z	Q	S	E	F	Y	T	O	F	J	U	E	X

OLIE
ACRYL
AQUARELLEN
WATER
KLEI
GOM
EZEL
CAMERA
BORSTELS
KLEUREN
CREATIVITEIT
IDEEËN
POTLODEN
TAFEL
PAPIER
PASTEL
LIJM
VERF
STOEL
INKT

15 - Negocio

Y	B	M	W	H	F	A	B	R	I	E	K	D	T	F	H
T	M	A	Y	T	J	P	O	O	K	R	E	V	R	I	A
B	E	U	A	B	I	Y	J	O	V	È	C	I	A	N	N
K	E	Z	R	N	R	A	G	O	Q	I	H	B	N	A	D
Q	O	G	D	T	D	T	T	G	U	R	I	G	S	N	E
K	Y	S	R	R	E	M	E	N	K	R	E	W	A	C	L
O	A	U	T	O	B	D	C	U	V	A	B	W	C	I	S
W	E	I	X	E	T	B	S	Q	A	C	B	I	T	Ë	W
K	B	S	P	L	N	I	W	Q	L	C	I	N	I	N	A
K	O	R	T	I	N	G	N	W	U	F	A	K	E	I	A
T	K	A	N	T	O	O	R	G	T	U	J	E	V	B	R
E	C	O	N	O	M	I	E	K	A	R	D	L	E	G	T
B	E	L	A	S	T	I	N	G	E	N	V	F	X	Z	E
I	N	V	E	S	T	E	R	I	N	G	K	M	P	A	T
D	T	W	E	R	K	G	E	V	E	R	L	R	M	S	K
G	I	U	X	G	W	K	U	P	L	D	P	J	A	M	L

CARRIÈRE
KOSTEN
KORTING
GELD
ECONOMIE
WERKNEMER
WERKGEVER
BEDRIJF
FABRIEK
FINANCIËN

BELASTINGEN
INVESTERING
HANDELSWAAR
VALUTA
KANTOOR
BEGROTING
WINKEL
BAAN
TRANSACTIE
VERKOOP

16 - Jardín

B	S	Z	S	A	R	R	E	T	H	E	K	J	D	E	Y
H	Z	C	T	A	M	G	N	A	H	L	N	E	N	K	H
G	T	W	R	E	V	J	I	V	F	J	N	L	C	J	J
W	D	E	U	G	S	V	W	B	A	L	Z	X	F	Y	F
B	H	G	I	K	K	Y	F	L	J	B	D	J	L	U	N
O	E	A	K	N	A	B	P	O	H	C	S	F	A	X	F
O	A	W	D	B	D	R	K	E	O	N	K	R	U	I	D
M	T	U	I	N	R	K	G	M	E	D	O	B	H	H	L
V	J	N	D	J	A	K	E	A	Y	R	V	V	R	I	Q
A	P	Q	E	G	A	R	A	G	Z	B	Q	Z	J	D	V
G	X	T	F	I	G	A	E	R	T	O	P	A	J	B	V
S	G	O	I	K	M	H	F	V	H	H	N	Z	L	Z	S
U	L	A	W	I	O	N	F	M	G	O	I	Q	V	B	G
B	Q	A	C	S	O	K	F	V	G	O	J	N	O	F	R
E	I	R	N	M	B	O	D	U	N	N	J	R	K	U	A
D	U	V	J	G	T	R	A	M	P	O	L	I	N	E	S

STRUIK
BOOM
BANK
GAZON
VIJVER
BLOEM
GARAGE
HANGMAT
GRAS
BOOMGAARD

TUIN
ONKRUID
SLANG
SCHOP
VERANDA
HARK
BODEM
TERRAS
TRAMPOLINE
HEK

17 - Países #2

Q	A	R	N	A	T	S	I	K	A	P	J	T	F	A	I
Z	L	U	A	U	X	S	Z	P	F	B	G	T	H	G	V
Z	B	S	P	S	O	P	M	O	N	U	Z	A	L	D	D
H	A	L	A	T	E	T	Q	R	Ë	M	E	X	I	C	O
A	N	A	J	R	K	D	T	T	I	W	S	M	K	Y	Y
G	I	N	D	A	R	N	O	U	P	E	O	I	J	E	Q
J	R	D	J	L	A	U	J	G	O	K	A	V	M	Y	C
E	H	I	G	I	Ï	R	F	A	I	S	F	P	P	Z	D
E	R	K	E	Ë	N	X	J	L	H	Y	U	H	E	Y	F
M	D	U	P	K	E	O	O	S	T	E	N	R	I	J	K
K	K	M	T	G	E	D	E	N	E	M	A	R	K	E	N
S	O	E	D	A	N	N	I	N	D	O	N	E	S	I	Ë
O	K	N	V	U	B	Y	L	I	E	R	L	A	N	D	I
A	C	I	A	M	A	J	A	A	F	L	F	J	B	R	R
L	B	S	N	K	J	I	R	K	N	A	R	F	H	F	Y
O	E	G	A	N	D	A	B	T	B	D	F	U	I	R	S

ALBANI
AUSTRALIË
OOSTENRIJK
DENEMARKEN
ETHIOPIË
FRANKRIJK
GRIEKENLAND
INDONESIË
IERLAND
JAMAICA
JAPAN
LAOS
MEXICO
PAKISTAN
PORTUGAL
RUSLAND
SYRIË
SOEDAN
OEKRAÏNE
OEGANDA

18 - Números

I	X	V	I	E	R	Y	L	K	H	K	D	H	H	V	U
B	R	V	L	G	M	A	A	E	O	T	Z	V	C	S	V
G	M	N	A	W	N	R	C	M	H	H	E	K	P	O	L
W	Q	E	A	Z	I	V	H	B	E	S	S	N	X	P	O
R	U	I	M	K	B	S	T	H	C	A	T	U	H	S	X
D	Y	T	I	E	N	P	T	H	L	E	I	L	D	T	V
R	T	N	C	V	E	O	I	K	E	C	E	D	Q	D	E
I	A	E	E	R	I	S	E	Z	S	X	N	W	Z	Q	E
E	K	G	D	Z	T	M	N	E	I	T	F	J	I	V	R
G	N	E	U	E	N	I	E	Z	W	Y	L	J	Q	O	T
R	W	N	M	V	E	M	G	R	L	T	A	L	I	C	I
P	A	Z	U	E	V	T	E	G	F	U	A	W	N	V	E
E	X	L	V	N	E	C	N	R	E	R	W	G	I	R	N
Q	P	J	K	D	Z	O	J	N	E	I	T	R	E	D	U
T	W	I	N	T	I	G	E	O	U	X	Z	N	F	I	S
V	Q	S	A	R	B	U	A	C	V	U	X	T	A	C	D

VEERTIEN
NUL
VIJF
VIER
DECIMAAL
NEGENTIEN
ACHTTIEN
ZESTIEN
ZEVENTIEN
TIEN
TWAALF
TWEE
NEGEN
ACHT
VIJFTIEN
ZES
ZEVEN
DERTIEN
DRIE
TWINTIG

19 - Física

C	H	E	M	I	S	C	H	X	M	U	X	Z	M	L	I
S	N	E	L	H	E	I	D	Z	O	E	O	W	O	T	I
N	U	C	L	E	A	I	R	E	L	X	U	A	E	Z	K
C	D	C	C	P	U	D	O	L	E	Y	G	A	X	R	N
M	I	U	L	G	A	L	T	E	C	M	E	R	Y	Y	I
Q	E	H	D	C	D	S	O	K	U	U	P	T	G	Y	C
Q	H	C	U	E	L	U	M	T	U	J	M	E	F	A	W
P	T	K	H	V	E	C	O	R	L	U	W	K	R	B	S
D	H	A	C	A	T	L	M	O	O	T	A	R	E	D	O
O	C	H	P	Q	N	T	T	N	T	S	Q	A	Q	J	A
I	I	J	S	U	Z	I	N	J	O	C	Y	C	U	F	H
U	D	Y	X	X	W	Z	C	H	E	K	U	H	E	M	C
F	O	R	M	U	L	E	G	A	A	D	O	T	N	A	K
V	E	R	S	N	E	L	L	I	N	G	N	N	T	S	D
R	E	L	A	T	I	V	I	T	E	I	T	N	I	S	O
M	A	G	N	E	T	I	S	M	E	L	U	W	E	A	W

VERSNELLING
ATOOM
CHAOS
DICHTHEID
ELEKTRON
FORMULE
FREQUENTIE
GAS
ZWAARTEKRACHT
MAGNETISME
MASSA
MECHANICA
MOLECUUL
MOTOR
NUCLEAIR
DEELTJE
CHEMISCH
RELATIVITEIT
SNELHEID

20 - Belleza

O	I	C	D	C	R	X	B	Q	K	T	T	P	Y	U	S
L	S	O	I	E	C	E	T	S	D	R	O	K	A	T	C
I	I	S	E	K	Q	W	E	K	J	H	U	U	N	M	H
Ë	W	M	N	E	S	H	A	M	P	O	O	L	M	H	A
N	P	E	S	L	Y	V	R	D	C	G	N	V	L	V	A
E	D	T	T	E	E	Q	A	N	J	O	S	M	S	E	R
T	I	I	E	G	R	S	C	G	A	C	T	Y	P	I	N
C	U	C	N	A	X	U	S	J	Z	M	I	Z	I	V	M
U	H	A	M	N	B	J	A	U	J	L	L	P	E	V	V
D	N	A	G	T	U	Q	M	C	J	W	I	J	G	B	T
O	V	P	R	E	G	E	N	A	D	E	S	Z	E	U	W
R	K	E	S	M	U	E	X	H	U	V	T	M	L	S	Q
P	L	Y	Y	D	E	R	V	E	R	Z	I	N	N	E	N
K	E	I	N	E	G	O	T	O	F	G	C	Y	L	C	N
N	U	L	I	P	P	E	N	S	T	I	F	T	G	R	X
C	R	V	X	E	L	E	G	A	N	T	I	E	Q	N	E

OLIËN
SHAMPOO
KLEUR
COSMETICA
ELEGANTIE
ELEGANT
CHARME
SPIEGEL
STILIST
FOTOGENIEK
GEUR
GENADE
VERZINNEN
HUID
LIPPENSTIFT
PRODUCTEN
KRULLEN
MASCARA
DIENSTEN
SCHAAR

21 - Países #1

F	K	U	Y	C	X	M	U	P	U	F	M	A	K	A	A
Z	Y	S	Q	N	B	B	D	C	Q	A	P	A	T	V	R
X	R	I	P	P	S	P	P	D	J	S	H	J	L	P	G
C	A	G	L	S	O	I	D	A	D	A	N	A	C	I	E
B	R	H	I	S	K	L	Y	M	H	R	E	H	P	V	N
I	E	W	Z	W	K	F	E	A	I	U	N	W	Q	E	T
G	T	D	H	X	O	O	T	N	R	D	J	I	E	N	I
T	V	A	C	R	R	B	P	A	B	N	I	Y	C	E	N
N	N	Z	L	J	A	O	Y	P	R	O	P	F	U	Z	I
B	E	G	B	I	M	C	G	Z	A	H	I	S	A	U	Ë
I	N	D	I	A	Ë	A	E	P	Z	C	L	P	D	E	I
N	O	O	R	W	E	G	E	N	I	G	I	A	O	L	B
B	E	L	G	I	Ë	C	H	X	L	M	F	N	R	A	I
D	U	I	T	S	L	A	N	D	I	G	A	J	A	L	L
G	J	A	R	C	R	F	I	A	Ë	N	J	E	P	Q	X
V	M	M	W	N	I	C	A	R	A	G	U	A	A	C	B

DUITSLAND
ARGENTINIË
BELGIË
BRAZILIË
CANADA
ECUADOR
EGYPTE
SPANJE
FILIPIJNEN
HONDURAS
INDIA
ITALIË
LIBIË
MALI
MAROKKO
NICARAGUA
NOORWEGEN
PANAMA
POLEN
VENEZUELA

22 - Mitología

C	Q	Y	X	B	F	G	A	Z	Q	H	B	Z	O	A	K
U	W	E	Z	E	N	O	L	Q	N	E	R	R	V	R	R
L	B	D	F	D	H	D	H	S	P	M	A	R	E	C	A
T	T	N	L	N	E	H	T	L	E	E	I	S	R	H	C
U	Y	L	X	E	L	E	I	D	O	L	L	T	T	E	H
U	D	U	P	G	D	D	K	X	C	O	D	E	U	T	T
R	R	O	H	E	W	E	K	V	G	A	D	R	I	Y	M
M	M	U	N	L	B	N	W	R	A	A	K	F	G	P	O
J	O	Q	L	D	G	E	D	R	A	G	C	E	I	E	U
Z	O	F	S	K	E	I	T	A	E	R	C	L	N	N	X
Z	X	K	Y	L	R	R	V	B	P	Y	I	I	G	R	J
F	E	C	T	Y	E	I	Z	E	O	L	A	J	E	Z	G
M	O	N	S	T	E	R	J	X	D	H	U	K	N	X	W
U	E	K	V	Z	S	X	R	G	P	P	O	W	R	L	I
K	I	W	L	P	V	J	F	M	E	S	K	I	L	B	O
W	W	X	X	H	N	R	E	P	V	R	Y	X	V	I	C

ARCHETYPE
JALOEZIE
HEMEL
GEDRAG
CREATIE
OVERTUIGINGEN
WEZEN
CULTUUR
GODHEDEN
RAMP
KRACHT
KRIJGER
HELD
DOOLHOF
LEGENDE
MONSTER
STERFELIJK
BLIKSEM
DONDER
WRAAK

23 - Casa

S	L	A	A	P	K	A	M	E	R	O	N	I	N	K	H
F	R	X	Z	A	T	I	L	L	U	H	U	Z	R	N	A
A	C	J	L	R	U	I	G	L	E	E	D	A	K	Q	U
W	N	A	I	Y	I	I	W	P	D	K	K	Z	A	T	I
S	C	O	A	V	N	N	A	A	R	K	A	J	U	K	Y
T	A	P	I	J	T	A	O	S	A	E	T	Z	W	E	B
J	K	L	M	F	F	L	E	H	A	U	O	Q	Q	L	E
W	D	X	D	A	I	S	Q	X	H	K	Y	L	K	D	Z
G	O	I	B	L	L	V	A	F	R	E	R	Z	V	E	E
G	J	K	A	S	Q	E	V	K	D	N	R	O	R	R	M
B	I	B	L	I	O	T	H	E	E	K	M	L	A	G	O
G	A	R	A	G	E	A	N	H	H	Z	U	D	A	V	J
H	O	L	E	L	V	T	I	C	E	E	U	E	M	O	L
R	T	G	N	X	M	X	Q	U	I	P	R	R	J	U	N
Z	Q	A	T	A	I	P	F	O	A	Y	U	X	G	G	F
S	P	I	E	G	E	L	B	D	F	Q	Q	G	Z	Q	D

TAPIJT
ZOLDER
BIBLIOTHEEK
HAARD
KEUKEN
SLAAPKAMER
DOUCHE
BEZEM
SPIEGEL
GARAGE
KRAAN
TUIN
LAMP
MUUR
VLOER
DEUR
KELDER
DAK
HEK
RAAM

24 - Artes Visuales

V	G	A	R	C	H	I	T	E	C	T	U	U	R	W	K
R	E	T	P	E	R	S	P	E	C	T	I	E	F	J	L
Z	P	R	L	V	Z	P	T	O	S	U	I	J	Y	M	E
E	Q	G	N	I	L	L	E	T	S	N	E	M	A	S	I
L	P	H	P	I	E	T	L	O	F	I	L	M	K	O	K
C	E	R	X	X	S	B	I	F	V	U	S	G	R	X	Q
V	Y	P	O	T	L	O	O	D	W	V	X	L	I	Y	T
B	E	E	L	D	H	O	U	W	W	E	R	K	J	R	W
S	C	H	I	L	D	E	R	I	J	B	K	E	T	K	M
S	K	A	Z	U	E	P	E	L	P	O	R	T	R	E	T
T	N	T	L	X	V	Z	E	G	M	A	L	S	E	I	U
E	L	A	L	I	G	S	E	N	C	I	Q	E	J	M	I
N	M	E	E	S	T	E	R	W	E	R	K	I	U	A	H
C	C	R	E	A	T	I	V	I	T	E	I	T	Y	R	O
I	W	I	Z	W	I	F	F	R	M	G	C	R	K	E	J
L	Q	P	R	Z	H	I	A	F	E	G	V	A	O	K	H

KLEI
ARCHITECTUUR
ARTIEST
VERNIS
EZEL
WAS
KERAMIEK
SAMENSTELLING
CREATIVITEIT
BEELDHOUWWERK
FOTO
POTLOOD
MEESTERWERK
FILM
PERSPECTIEF
SCHILDERIJ
STENCIL
PEN
PORTRET
KRIJT

25 - Salud y Bienestar #2

B	U	P	G	K	C	W	K	Q	H	A	R	U	Z	T	W
E	D	N	O	Z	E	G	G	L	K	E	G	S	O	O	A
F	D	I	V	E	Y	M	E	E	I	G	R	E	L	L	A
G	H	E	E	S	K	C	W	N	W	A	L	S	P	V	L
F	Q	N	H	E	K	E	I	Ë	S	S	P	G	T	A	V
Z	A	E	J	Y	T	V	C	I	W	S	Z	E	A	E	N
I	L	N	Z	W	D	O	H	G	D	A	N	N	N	I	L
E	A	E	I	H	L	R	T	Y	H	M	H	E	A	T	V
K	I	R	O	I	H	B	A	H	A	A	B	T	T	C	O
T	G	G	V	B	B	B	H	T	V	C	Y	I	O	E	E
E	S	I	U	H	N	E	K	E	I	Z	B	C	M	F	D
D	B	E	N	I	M	A	T	I	V	E	L	A	I	N	I
W	U	F	N	Y	S	T	R	E	S	S	O	Z	E	I	N
L	O	E	C	A	L	O	R	I	E	J	E	Z	Y	G	G
E	E	T	L	U	S	T	W	T	E	P	D	C	D	R	I
U	N	J	H	N	M	E	A	K	Q	E	X	E	W	W	M

ALLERGIE
ANATOMIE
EETLUST
CALORIE
DEHYDRATIE
DIEET
ENERGIE
ZIEKTE
STRESS
GENETICA
HYGIËNE
ZIEKENHUIS
INFECTIE
MASSAGE
VOEDING
GEWICHT
HERSTEL
GEZOND
BLOED
VITAMINE

26 - Selva Tropical

A	E	I	T	A	R	U	A	T	S	E	R	U	K	T	R
M	Q	I	A	T	B	I	Q	B	O	D	L	H	P	B	E
F	X	Y	E	X	F	D	B	P	O	N	D	Z	E	F	S
I	T	P	V	K	Y	M	U	V	R	E	W	S	B	Z	P
B	O	A	D	E	X	S	Q	O	T	T	K	I	S	C	E
I	E	H	A	H	J	C	Y	G	H	C	O	E	R	K	C
E	Y	C	S	T	X	V	Q	E	N	E	K	L	O	W	T
Ë	K	S	O	M	Y	C	V	L	J	S	B	T	A	B	J
N	B	N	U	K	N	H	C	S	I	N	A	T	O	B	Z
T	O	E	V	L	U	C	H	T	M	I	V	E	X	F	Q
F	L	E	N	V	A	G	N	I	V	E	L	R	E	V	O
G	D	M	N	A	T	U	U	R	E	V	E	Q	T	B	M
J	N	E	R	E	I	D	G	O	O	Z	S	H	U	R	T
N	M	G	I	Q	J	U	N	G	L	E	A	Q	N	L	E
K	L	I	M	A	A	T	B	F	H	T	U	G	K	I	X
D	I	V	E	R	S	I	T	E	I	T	R	R	Z	U	C

AMFIBIEËN
BOTANISCH
KLIMAAT
GEMEENSCHAP
DIVERSITEIT
SOORT
INHEEMS
INSECTEN
ZOOGDIEREN
MOS
NATUUR
WOLKEN
VOGELS
BEHOUD
TOEVLUCHT
RESPECT
RESTAURATIE
JUNGLE
OVERLEVING

27 - Adjetivos #1

L	B	A	Z	Q	V	B	W	V	G	L	G	N	O	J	O
B	B	U	A	W	E	X	X	E	U	X	R	R	S	L	N
P	S	S	A	N	A	F	K	N	L	S	O	E	U	I	S
K	H	C	S	I	T	A	M	O	R	A	O	D	E	O	C
K	B	S	I	R	U	R	R	L	K	X	T	O	I	M	H
P	E	R	F	E	C	T	E	Y	A	Y	O	M	T	D	U
E	E	R	L	I	J	K	L	K	Y	N	U	N	I	M	L
N	R	E	D	L	E	H	G	K	K	H	G	X	B	E	D
B	E	L	A	N	G	R	I	J	K	E	P	Z	M	Q	I
M	K	F	A	B	S	O	L	U	U	T	L	G	A	E	G
G	N	W	A	A	R	D	E	V	O	L	G	I	P	A	D
D	O	N	A	Z	G	Z	E	O	K	L	U	T	J	N	M
Y	D	A	N	Y	D	Q	K	U	L	N	W	S	D	K	R
E	N	O	R	M	J	N	N	B	W	U	M	N	G	V	A
A	C	T	I	E	F	K	Y	Z	F	B	V	R	Y	A	F
E	J	N	X	Y	Y	U	G	P	G	Z	I	E	L	H	D

ABSOLUUT
ACTIEF
AMBITIEUS
AROMATISCH
AANTREKKELIJK
HELDER
ENORM
GUL
GROOT
EERLIJK
BELANGRIJK
ONSCHULDIG
JONG
LANGZAAM
MODERN
DONKER
PERFECT
ZWAAR
ERNSTIG
WAARDEVOL

28 - Familia

T	Q	H	T	U	F	T	M	M	L	E	L	M	U	C	G
V	A	D	E	R	G	W	N	V	A	Z	D	L	G	E	G
N	D	D	W	E	V	E	P	R	Q	N	O	P	A	W	N
G	E	B	F	O	O	E	N	O	O	Z	N	I	E	L	K
V	L	E	F	R	O	L	N	U	F	D	E	M	T	V	G
O	O	M	F	B	R	I	Z	W	S	X	R	J	N	K	X
J	E	U	G	D	O	N	K	D	W	A	E	L	A	J	R
U	R	D	B	Q	U	G	J	R	N	Z	D	D	T	E	L
V	H	S	B	W	D	N	I	C	H	T	N	V	G	P	E
B	Q	R	A	S	E	U	L	H	R	B	I	A	N	X	M
O	B	B	K	P	R	X	R	F	V	Z	K	P	T	L	O
G	R	O	O	T	M	O	E	D	E	R	K	I	N	D	E
Y	W	P	U	D	J	S	D	B	M	S	X	W	A	H	D
Y	K	Z	C	N	H	F	A	O	D	A	T	V	B	K	E
D	O	C	H	T	E	R	V	W	V	Z	U	S	P	T	R
Y	W	I	J	N	J	F	L	H	Q	L	T	D	U	K	F

GROOTMOEDER
OPA
VOOROUDER
VROUW
TWEELING
ZUS
BROER
DOCHTER
JEUGD
MOEDER
MAN
KLEINZOON
KIND
KINDEREN
VADER
VADERLIJK
NICHT
NEEF
TANTE
OOM

29 - Disciplinas Científicas

L	F	Y	S	I	O	L	O	G	I	E	O	G	B	M	E
S	O	C	I	O	L	O	G	I	E	E	H	X	Q	P	Z
P	Z	K	A	F	R	G	X	E	I	M	O	T	A	N	A
I	L	M	E	C	H	A	N	I	C	A	K	D	E	N	A
N	M	A	U	V	B	N	E	G	N	I	D	E	O	V	S
Z	E	M	N	M	I	N	X	O	Q	S	B	P	A	T	T
O	I	U	U	T	Y	D	Z	L	J	M	I	S	R	A	R
Ö	G	D	R	N	K	G	K	O	Q	E	O	Y	C	A	O
L	O	H	G	O	O	U	O	E	B	Y	C	C	H	L	N
O	L	Q	K	N	L	L	N	G	T	L	H	H	E	K	O
G	O	Z	B	M	Y	O	O	D	M	F	E	O	O	U	M
I	C	F	Q	V	J	G	G	G	E	N	M	L	L	N	I
E	E	C	H	E	M	I	E	I	I	Z	I	O	O	D	E
B	I	O	L	O	G	I	E	P	E	E	E	G	G	E	P
M	I	N	E	R	A	L	O	G	I	E	D	I	I	X	S
M	E	T	E	O	R	O	L	O	G	I	E	E	E	M	B

ANATOMIE
ARCHEOLOGIE
ASTRONOMIE
BIOLOGIE
BIOCHEMIE
PLANTKUNDE
ECOLOGIE
FYSIOLOGIE
GEOLOGIE
IMMUNOLOGIE
TAALKUNDE
MECHANICA
METEOROLOGIE
MINERALOGIE
NEUROLOGIE
VOEDING
PSYCHOLOGIE
CHEMIE
SOCIOLOGIE
ZOÖLOGIE

30 - Cocina

L	O	W	P	U	X	L	C	E	Z	X	T	W	A	S	J
U	J	A	G	R	S	O	D	S	P	Y	V	O	O	P	N
I	G	S	R	E	O	E	F	U	Y	J	Q	B	D	E	D
W	K	Q	I	H	K	E	K	T	J	Y	D	E	Q	C	I
V	I	B	L	N	I	D	K	X	O	T	K	N	Z	E	C
M	O	K	L	J	U	X	Q	Y	E	N	T	I	Q	R	J
T	P	E	C	E	R	E	Z	E	I	R	V	C	X	I	O
H	U	M	D	B	K	M	P	U	C	A	U	T	U	J	K
H	C	S	E	S	E	J	K	O	T	S	T	E	E	E	K
U	D	Z	P	S	E	S	E	R	V	E	T	N	D	N	Z
T	B	N	M	O	S	L	E	P	E	L	L	O	P	T	Y
U	O	V	E	N	N	E	V	O	R	K	E	N	T	T	F
K	E	T	E	L	I	S	N	P	N	H	Z	J	H	R	J
S	C	H	O	R	T	S	E	P	F	R	U	K	W	N	X
O	G	M	S	M	V	F	T	S	A	K	L	E	O	K	K
C	V	V	B	Q	S	L	E	P	E	L	X	X	Z	X	R

KETEL
ETEN
VOEDSEL
VRIEZER
LEPELS
POLLEPEL
MESSEN
SCHORT
SPECERIJEN
SPONS
OVEN
KRUIK
EETSTOKJES
GRILL
RECEPT
KOELKAST
SERVET
CUP
KOM
VORKEN

31 - Salud y Bienestar #1

H	T	B	Y	H	X	R	E	K	S	P	I	E	R	E	N
O	H	R	V	H	O	Y	L	T	L	Q	N	E	I	R	J
O	E	E	I	A	B	U	H	C	V	I	Y	L	V	O	I
G	R	U	R	H	G	Y	D	G	J	M	N	C	O	F	C
T	A	K	U	I	B	W	X	I	E	L	V	I	F	U	I
E	P	E	S	W	G	J	E	T	N	O	O	W	E	G	D
D	I	I	X	X	M	X	L	L	C	G	F	X	I	K	E
N	E	T	T	O	B	L	F	H	C	E	B	J	T	P	M
Z	T	H	P	A	K	E	E	H	T	O	P	A	C	P	S
C	U	G	O	F	J	P	R	R	X	I	A	R	A	I	R
O	X	M	F	N	Ë	I	R	E	T	C	A	B	O	A	F
H	U	I	D	Y	G	N	I	N	N	A	P	S	T	N	O
D	X	U	Q	E	N	E	N	O	M	R	O	H	N	R	P
L	K	W	E	G	Z	K	R	E	T	K	O	D	U	I	F
B	E	H	A	N	D	E	L	I	N	G	W	H	Q	D	H
O	T	C	T	R	S	M	O	A	H	L	S	W	Y	F	G

ACTIEF
HOOGTE
BACTERIËN
KLINIEK
DOKTER
APOTHEEK
BREUK
HONGER
GEWOONTE
HORMONEN
BOTTEN
MEDICIJN
SPIEREN
HUID
HOUDING
REFLEX
ONTSPANNING
THERAPIE
BEHANDELING
VIRUS

32 - Adjetivos #2

Z	Q	V	E	R	S	D	V	S	P	U	B	F	E	T	C
O	F	B	G	O	O	R	D	N	H	O	Q	H	C	R	R
E	Y	I	M	E	M	I	G	O	N	A	R	C	V	O	E
T	I	E	F	L	A	K	G	W	Q	I	G	S	M	T	A
N	U	D	M	E	O	R	E	B	P	V	T	I	N	S	T
U	G	O	L	G	K	J	I	L	R	U	U	T	A	N	I
V	J	U	Z	A	O	C	F	T	O	O	H	A	L	S	E
P	I	I	E	N	V	G	E	Q	D	V	G	M	F	O	F
H	D	G	I	T	T	I	P	R	U	W	H	A	X	E	W
N	E	E	T	B	A	A	R	Y	C	T	J	R	Z	S	B
O	N	I	E	U	W	B	V	A	T	Y	S	D	I	T	N
R	S	F	H	D	N	E	V	J	I	R	H	C	S	E	B
M	I	T	G	E	Z	O	N	D	E	E	A	H	V	U	N
A	C	P	E	I	E	I	O	C	F	L	U	K	Y	L	E
A	P	M	L	R	I	N	T	E	R	E	S	S	A	N	T
L	U	V	C	Q	K	K	A	U	S	C	U	Z	L	M	Y

MOE
EETBAAR
CREATIEF
BESCHRIJVEND
DRAMATISCH
ZOET
ELEGANT
BEROEMD
VERS
STERK
INTERESSANT
NATUURLIJK
NORMAAL
NIEUW
TROTS
PITTIG
PRODUCTIEF
ZOUT
GEZOND
DROOG

33 - Cuerpo Humano

H	S	S	O	H	U	B	Z	T	Z	A	H	X	Q	U	L
A	U	C	B	X	N	S	O	O	R	G	A	K	I	N	C
N	E	W	H	G	F	V	X	H	E	E	R	N	F	O	W
D	N	L	O	O	J	U	F	V	G	Z	T	M	O	N	D
W	K	G	P	O	U	R	T	S	N	I	G	T	T	I	I
E	N	K	E	L	X	D	E	N	I	C	D	I	S	B	U
Z	M	D	V	L	E	K	E	N	V	H	T	Y	W	I	H
B	E	K	K	I	D	N	Y	R	H	T	V	R	T	E	X
E	K	T	Z	R	H	I	G	M	E	O	H	I	P	E	F
S	O	S	L	N	K	E	B	R	N	I	O	Y	F	L	Z
J	B	O	D	P	J	B	K	Y	C	M	T	F	W	L	F
G	M	E	H	Y	X	T	Y	N	S	Z	P	S	D	E	X
Z	W	G	E	J	T	V	A	H	T	O	N	G	E	B	O
Y	W	Y	O	N	E	N	E	S	R	E	H	O	O	O	T
X	H	N	H	Z	S	L	V	Z	D	V	J	X	L	O	B
K	F	V	J	Z	G	D	P	K	V	Y	W	R	B	G	X

KIN
MOND
HOOFD
GEZICHT
HERSENEN
ELLEBOOG
HART
NEK
VINGER
SCHOUDER
TONG
HAND
NEUS
OOG
OOR
HUID
BEEN
KNIE
BLOED
ENKEL

34 - Calentamiento Global

R	Q	P	T	P	W	P	M	I	Q	K	I	G	A	S	A
W	E	A	Z	C	P	X	O	Z	N	E	P	N	J	E	I
E	P	G	D	G	G	R	C	P	C	M	I	I	B	N	G
T	U	B	E	Q	W	E	K	N	U	A	H	V	C	D	C
E	E	J	Y	R	A	G	V	B	N	L	S	E	S	G	J
N	K	W	E	W	I	J	I	O	X	C	A	G	S	N	X
S	T	H	C	A	D	N	A	A	L	Q	Q	T	E	I	G
C	S	I	S	I	R	C	G	G	K	G	R	E	I	L	Y
H	M	X	M	I	L	I	E	U	T	I	E	W	T	E	F
A	O	M	M	V	G	M	P	F	B	A	I	N	A	K	S
P	K	H	F	G	Z	L	R	Q	E	K	G	X	R	K	I
P	E	I	R	T	S	U	D	N	I	B	R	Q	E	I	S
E	O	A	R	C	T	I	S	C	H	T	E	D	N	W	H
R	T	A	A	M	I	L	K	G	D	S	N	I	E	T	L
P	B	U	H	X	S	N	E	V	E	G	E	G	G	N	G
V	E	R	A	N	D	E	R	I	N	G	E	N	L	O	B

NU
MILIEU
AANDACHT
ARCTISCH
VERANDERINGEN
WETENSCHAPPER
KLIMAAT
GEVOLGEN
CRISIS
GEGEVENS
ONTWIKKELING
ENERGIE
TOEKOMST
GAS
GENERATIES
REGERING
INDUSTRIE
WETGEVING
POPULATIES

35 - Ciencia

X	D	O	G	H	F	A	Q	H	Q	B	G	M	E	O	N
G	J	E	Q	D	M	E	U	H	B	V	E	O	X	R	A
K	L	I	M	A	A	T	I	Q	P	S	G	L	P	G	T
Q	Y	T	V	A	R	U	U	T	A	N	E	E	E	A	U
R	Z	U	O	D	S	V	F	D	L	C	V	C	R	N	U
R	F	L	A	Q	V	E	E	O	H	T	E	U	I	I	R
S	I	O	M	H	Z	D	M	F	S	H	N	L	M	S	K
K	P	V	I	W	N	O	D	W	B	S	S	E	E	M	U
H	L	E	I	J	H	H	Y	B	K	P	I	N	N	E	N
B	X	H	Y	P	O	T	H	E	S	E	Z	E	T	P	D
Z	W	A	A	R	T	E	K	R	A	C	H	T	L	L	E
H	H	H	C	S	I	M	E	H	C	Q	J	Z	H	A	N
J	Z	D	D	S	M	I	N	E	R	A	L	E	N	N	Z
D	E	E	L	T	J	E	S	A	T	O	O	M	A	T	M
Z	N	Y	R	E	P	P	A	H	C	S	N	E	T	E	W
L	A	B	O	R	A	T	O	R	I	U	M	O	F	N	T

ATOOM
WETENSCHAPPER
KLIMAAT
GEGEVENS
EVOLUTIE
EXPERIMENT
NATUURKUNDE
FOSSIEL
ZWAARTEKRACHT
FEIT
HYPOTHESE
LABORATORIUM
METHODE
MINERALEN
MOLECULEN
NATUUR
ORGANISME
DEELTJES
PLANTEN
CHEMISCH

36 - Restaurante #2

V	F	Y	L	E	J	K	L	A	N	Q	D	S	S	H	Y
I	Z	U	N	I	K	O	E	E	H	M	I	P	P	F	R
K	J	W	G	Z	R	H	O	L	P	B	A	X	E	T	I
A	V	S	P	N	C	T	T	X	K	E	Z	J	C	R	D
V	A	I	P	E	K	I	S	K	J	I	L	R	E	E	H
Y	O	V	U	G	F	Z	D	D	B	S	W	E	R	D	E
G	C	O	Y	C	Y	X	G	V	K	I	A	N	I	A	I
C	L	R	R	C	E	A	R	O	G	H	T	I	J	L	E
T	U	O	Z	G	H	N	T	R	F	C	E	D	E	A	R
I	N	M	N	M	E	I	E	K	N	A	R	D	N	S	E
U	C	D	P	V	T	R	L	F	X	H	D	Y	R	O	N
R	H	F	Z	N	N	Y	E	J	V	I	Y	C	O	E	U
F	E	K	R	C	E	T	R	C	W	D	J	C	H	P	W
J	U	C	Y	Q	O	B	D	I	H	U	H	A	H	E	O
L	Q	V	C	Z	R	I	D	K	B	T	H	K	M	T	J
G	U	G	W	Q	G	T	Z	O	B	E	R	E	C	C	U

WATER
LUNCH
VOORGERECHT
DRANK
OBER
DINER
LEPEL
HEERLIJK
SALADE
SPECERIJEN
FRUIT
IJS
EIEREN
CAKE
VIS
ZOUT
STOEL
SOEP
VORK
GROENTE

37 - Profesiones #1

B	R	A	N	D	W	E	E	R	M	A	N	I	N	H	M
Y	R	E	T	S	G	E	E	L	P	R	E	V	E	H	U
K	U	B	G	T	V	D	B	A	N	K	I	E	R	B	Z
M	E	B	J	A	F	A	A	R	G	O	T	R	A	C	I
D	D	X	F	G	J	N	Q	F	Y	M	I	B	F	V	K
P	A	B	H	X	J	S	R	E	I	L	E	W	U	J	A
A	S	U	D	F	N	E	E	P	I	A	N	I	S	T	N
D	S	Y	A	P	B	R	T	H	F	O	C	Q	P	N	T
V	A	G	C	A	T	L	E	E	T	E	D	I	T	O	R
O	B	E	D	H	P	F	I	A	X	N	T	Z	P	O	T
C	M	O	O	H	O	C	G	F	M	C	T	A	C	J	R
A	A	L	K	D	P	L	D	H	Y	B	A	J	E	H	A
A	P	O	T	W	M	J	O	X	Q	U	T	Q	V	H	I
T	T	O	E	Z	Y	M	O	O	N	O	R	T	S	A	N
R	F	G	R	R	R	V	L	A	G	N	N	J	G	K	E
D	I	E	R	E	N	A	R	T	S	H	A	X	B	R	R

ADVOCAAT
ASTRONOOM
ATLEET
DANSER
BANKIER
BRANDWEERMAN
CARTOGRAAF
JAGER
DOKTER
EDITOR
AMBASSADEUR
VERPLEEGSTER
TRAINER
LOODGIETER
GEOLOOG
JUWELIER
MUZIKANT
PIANIST
PSYCHOLOOG
DIERENARTS

38 - Vehículos

T	N	A	V	A	R	A	C	C	V	R	R	W	U	N	H
G	I	U	T	G	E	I	L	V	E	L	F	T	G	P	E
J	A	T	O	S	I	Z	X	W	E	J	X	U	C	J	L
C	Y	O	O	H	U	C	I	O	R	W	O	N	P	J	I
U	P	R	B	U	V	Z	G	E	B	T	A	X	I	R	K
I	T	T	Z	T	T	R	E	D	O	X	R	D	J	A	O
R	J	E	V	T	H	R	A	J	O	J	A	A	M	K	P
B	M	M	H	L	C	Ë	A	C	T	L	K	Q	M	E	T
T	U	N	B	E	E	E	Q	C	H	A	M	J	O	T	E
A	P	S	A	S	O	E	F	F	T	T	Z	M	T	I	R
S	V	T	N	M	J	Z	Z	S	V	O	A	L	O	S	J
T	U	E	D	C	G	R	I	I	H	V	R	U	R	F	Y
R	T	I	E	T	W	E	R	D	D	L	S	J	T	Z	X
E	I	F	N	X	V	D	I	A	V	O	X	Y	P	O	H
I	T	D	K	G	B	N	K	S	U	T	N	V	N	V	A
N	Y	W	V	R	V	O	A	M	B	U	L	A	N	C	E

AMBULANCE
BUS
VLIEGTUIG
VLOT
BOOT
FIETS
VRACHTAUTO
CARAVAN
AUTO
RAKET
VEERBOOT
HELIKOPTER
SHUTTLE
METRO
MOTOR
BANDEN
ONDERZEEËR
TAXI
TRACTOR
TREIN

39 - Geometría

V	V	N	S	L	M	E	D	I	A	A	N	A	W	Z	M
E	E	U	E	F	O	P	A	R	A	L	L	E	L	B	A
R	R	M	G	C	K	G	X	Q	B	J	Z	M	W	E	S
G	T	M	M	V	E	H	I	J	R	B	K	Z	P	R	S
E	I	E	E	T	O	O	S	C	A	L	Q	G	Y	E	A
L	C	R	N	N	H	R	S	H	A	Q	Y	I	I	K	H
I	A	L	T	K	E	I	R	T	E	M	M	Y	S	E	C
J	A	L	R	A	I	Z	P	H	N	E	B	A	R	N	U
K	L	J	M	L	R	O	P	R	O	B	S	M	M	I	R
I	T	G	V	V	D	N	R	E	O	O	O	C	Z	N	V
N	H	A	T	R	Z	T	K	T	V	P	G	D	B	G	E
G	E	H	O	E	K	A	X	E	F	X	O	T	I	G	O
V	O	U	C	P	Z	A	O	M	Z	C	E	R	E	E	P
L	R	I	P	P	I	L	K	A	Y	J	D	B	T	T	L
L	I	S	H	O	V	A	Y	I	G	N	Q	R	V	I	Z
Z	E	I	S	N	E	M	I	D	T	G	D	P	U	F	E

HOOGTE
HOEK
BEREKENING
CURVE
DIAMETER
DIMENSIE
VERGELIJKING
HORIZONTAAL
LOGICA
MASSA
MEDIAAN
NUMMER
PARALLEL
PROPORTIE
SEGMENT
SYMMETRIE
OPPERVLAK
THEORIE
DRIEHOEK
VERTICAAL

40 - Vacaciones #2

R	L	B	E	S	T	E	M	M	I	N	G	O	E	L	R
N	E	G	N	I	R	E	V	R	E	S	E	R	I	U	E
F	T	S	R	D	O	Z	Z	E	N	H	A	L	L	C	I
L	O	B	T	I	M	P	R	O	A	Z	K	E	A	H	S
L	H	Y	O	A	X	E	E	V	D	X	A	U	N	T	P
K	A	A	R	T	U	V	D	R	E	T	I	G	D	H	A
C	U	J	U	S	P	R	N	E	D	A	M	M	N	A	S
V	J	E	H	I	W	X	A	V	J	Z	J	H	A	V	P
I	Y	M	F	E	A	Y	L	N	I	E	R	T	R	E	O
S	I	Q	U	F	U	T	N	E	T	T	M	F	T	N	O
U	S	H	F	C	G	D	E	M	E	M	A	X	S	E	R
M	P	L	Z	U	W	N	T	V	J	F	T	X	F	N	T
U	V	F	W	F	U	Y	I	G	I	G	O	G	I	V	S
Q	Q	O	Q	P	O	R	U	P	R	H	E	T	Q	T	H
G	I	V	N	G	D	W	B	Z	V	Y	T	R	O	L	C
V	A	K	A	N	T	I	E	K	Z	L	U	U	P	S	A

LUCHTHAVEN
TENT
BESTEMMING
BUITENLANDER
FOTO'S
HOTEL
EILAND
KAART
ZEE
VRIJE TIJD
PASPOORT
STRAND
RESERVERINGEN
RESTAURANT
TAXI
VERVOER
TREIN
VAKANTIE
REIS
VISUM

41 - Baile

S	B	R	E	I	F	A	R	G	O	E	R	O	H	C	T
L	P	Z	Y	E	A	D	F	B	D	O	X	F	M	U	R
V	B	R	R	A	Y	Z	S	I	X	N	E	A	X	L	A
T	W	I	I	R	C	N	Z	H	P	G	O	S	Q	T	D
B	B	F	K	N	Y	A	R	O	Q	N	X	F	Y	U	I
N	L	G	T	Y	G	F	D	P	B	K	G	K	O	U	T
Z	C	I	K	Y	W	E	U	E	D	A	N	E	G	R	I
C	U	I	J	F	B	H	N	U	M	H	I	I	N	E	O
Z	L	R	H	A	P	K	S	W	E	I	G	S	I	N	N
G	T	R	E	P	E	T	I	T	I	E	E	S	D	T	E
A	U	K	M	Z	I	S	U	J	M	X	W	A	U	R	E
O	R	A	T	V	T	N	B	Z	T	V	E	L	O	A	L
Y	E	H	I	V	O	U	P	S	V	X	B	K	H	P	B
I	E	B	R	D	M	K	E	I	Z	U	M	E	L	Y	H
C	L	Y	D	F	E	I	S	S	E	R	P	X	E	B	M
L	I	C	H	A	A	M	V	I	S	U	E	E	L	K	L

ACADEMIE
BLIJ
KUNST
KLASSIEK
CHOREOGRAFIE
LICHAAM
CULTUUR
CULTUREEL
EMOTIE
REPETITIE
EXPRESSIEF
GENADE
BEWEGING
MUZIEK
HOUDING
RITME
SPRINGEN
PARTNER
TRADITIONEEL
VISUEEL

42 - Matemáticas

G	G	G	V	N	W	J	E	B	H	C	X	Q	U	P	U
E	F	I	O	N	X	L	A	A	M	I	C	E	D	A	Q
O	R	D	L	R	U	A	N	M	K	J	D	I	R	R	H
M	A	N	U	B	S	A	D	W	J	F	R	R	S	A	M
E	C	U	M	O	H	R	C	I	W	E	I	T	R	L	L
T	T	K	E	G	H	T	R	W	H	R	E	E	E	L	O
R	I	N	Z	N	I	S	Y	D	J	S	H	M	C	E	O
I	E	E	X	P	O	N	E	N	T	S	O	M	H	L	D
E	I	K	T	I	W	Y	I	Q	P	Y	E	Y	T	O	R
H	V	E	D	I	A	M	E	T	E	R	K	S	H	M	E
Z	K	R	C	N	Z	V	M	D	O	G	L	R	O	T	C
D	A	Q	X	B	Z	E	S	X	W	X	L	O	E	R	H
N	V	E	R	G	E	L	I	J	K	I	N	G	K	E	T
V	I	E	R	K	A	N	T	H	O	E	K	E	N	K	D
W	R	C	J	Z	T	P	H	D	B	O	L	B	B	D	X
V	E	E	L	H	O	E	K	G	A	I	Q	H	W	L	W

REKENKUNDIG
HOEKEN
OMTREK
VIERKANT
DECIMAAL
DIAMETER
VERGELIJKING
BOL
EXPONENT
FRACTIE
GEOMETRIE
CIJFERS
PARALLEL
LOODRECHT
VEELHOEK
STRAAL
RECHTHOEK
SYMMETRIE
DRIEHOEK
VOLUME

43 - Restaurante #1

P	N	J	S	I	S	P	L	N	T	S	T	P	H	U	C
P	S	V	K	N	S	J	I	B	U	O	U	R	Z	G	U
F	P	J	K	G	S	E	J	T	V	O	E	D	S	E	L
V	M	N	V	R	O	I	R	O	T	K	E	B	E	I	Y
M	E	N	U	E	B	F	I	V	Y	I	K	P	E	G	X
O	J	W	J	D	O	F	K	C	E	T	G	Q	L	R	G
K	T	L	O	I	R	O	N	K	O	T	N	Q	V	E	X
G	E	W	W	Ë	D	K	F	I	W	U	I	S	W	L	X
N	O	D	S	N	S	E	M	P	J	S	R	B	L	L	M
W	T	R	E	T	S	R	E	E	V	R	E	S	U	A	S
C	D	S	E	E	H	E	J	S	L	U	V	W	Q	U	P
E	T	E	N	N	G	I	M	O	I	P	R	I	D	W	E
B	R	O	O	D	F	S	N	W	H	S	E	W	P	Z	T
K	E	U	K	E	N	S	X	C	O	V	S	S	E	E	L
M	Y	Q	T	E	L	A	D	Z	E	G	E	G	O	K	M
T	D	S	E	I	J	K	U	X	C	K	R	J	G	J	X

ALLERGIE
KOFFIE
KASSIER
SERVEERSTER
VLEES
KEUKEN
ETEN
VOEDSEL
MES
INGREDIËNTEN

MENU
BROOD
PITTIG
BORD
KIP
TOETJE
RESERVERING
SAUS
SERVET
KOM

44 - Profesiones #2

F	C	F	A	A	R	G	O	T	O	F	B	A	A	P	P
F	H	W	S	T	W	K	N	L	E	T	H	O	Y	S	I
V	I	T	T	D	E	T	E	C	T	I	V	E	E	S	L
U	R	J	R	E	D	N	I	V	T	I	U	D	U	R	O
N	U	R	O	I	L	L	U	S	T	R	A	T	O	R	O
V	R	S	N	O	N	D	E	R	Z	O	E	K	E	R	T
X	G	E	A	T	S	I	L	A	N	R	U	O	J	F	F
H	L	I	U	Y	T	T	S	Ï	U	G	N	I	L	Z	O
F	P	I	T	Q	R	C	R	U	E	I	N	E	G	N	I
X	I	P	Q	N	A	X	J	A	S	Z	L	J	O	E	A
X	O	L	D	M	P	G	X	O	D	V	E	V	O	S	N
G	I	S	O	T	U	I	N	M	A	N	R	X	L	S	A
Y	F	Q	S	S	L	Z	E	U	A	B	A	R	Ö	Q	C
N	L	F	S	Q	O	L	L	S	C	N	A	T	O	B	J
Y	R	Y	N	M	R	O	Z	A	Z	Z	R	R	Z	C	R
B	I	O	L	O	O	G	F	S	C	H	I	L	D	E	R

BOER
ASTRONAUT
BIOLOOG
CHIRURG
TANDARTS
DETECTIVE
FILOSOOF
FOTOGRAAF
ILLUSTRATOR
INGENIEUR
UITVINDER
ONDERZOEKER
TUINMAN
LINGUÏST
ARTS
JOURNALIST
PILOOT
SCHILDER
LERAAR
ZOÖLOOG

45 - Senderismo

L	A	A	R	Z	E	N	Q	O	W	A	K	N	Z	Y	U
S	Y	F	K	J	T	O	P	X	A	M	A	D	J	T	Y
Q	E	R	U	Q	R	L	W	D	T	V	A	E	H	H	Q
N	P	R	Y	H	Y	U	Y	X	E	R	R	A	A	W	Z
G	H	A	H	T	C	I	B	Z	R	D	T	X	M	K	O
V	O	O	R	B	E	R	E	I	D	I	N	G	K	L	R
U	M	U	O	J	O	T	G	N	B	D	P	B	A	I	I
M	W	I	L	D	M	Z	I	P	M	E	N	G	M	M	Ë
Y	U	G	P	E	E	O	D	C	K	A	R	I	P	A	N
H	R	G	V	O	B	N	S	K	L	I	F	G	E	A	T
C	W	L	G	X	C	N	E	R	E	I	D	N	R	T	A
I	G	C	E	E	F	T	N	G	D	N	A	A	E	I	T
I	U	C	D	I	N	E	N	E	T	S	S	T	N	I	I
O	P	Z	A	U	V	E	P	G	B	X	H	U	G	F	E
P	A	R	K	E	N	N	K	K	Q	Z	R	U	D	T	G
S	Z	Q	Q	R	L	T	I	P	H	G	X	R	L	V	I

KLIF
WATER
DIEREN
LAARZEN
KAMPEREN
MOE
KLIMAAT
TOP
GIDSEN
KAART
BERG
MUGGEN
NATUUR
ORIËNTATIE
PARKEN
ZWAAR
STENEN
VOORBEREIDING
WILD
ZON

46 - Naturaleza

B	S	T	A	A	L	P	L	I	U	H	C	S	U	X	D
S	C	A	G	Y	B	M	E	I	V	B	I	J	E	N	Y
F	H	C	S	I	P	O	R	T	S	I	M	U	I	E	N
H	O	I	K	E	T	R	E	D	A	L	B	E	G	R	A
Y	O	E	Y	R	O	S	H	U	U	X	K	I	U	E	M
C	N	E	E	R	E	S	U	E	B	O	S	S	W	I	I
W	H	T	T	T	L	A	M	R	I	V	P	O	H	D	S
B	E	A	R	C	T	I	S	C	H	L	Y	R	I	S	C
F	I	I	O	L	C	G	R	W	F	W	I	E	D	J	H
T	D	X	R	W	A	K	E	G	I	W	V	G	R	S	H
C	W	O	E	S	T	I	J	N	T	L	W	T	D	I	V
X	X	N	I	W	A	E	S	E	T	A	D	Y	S	O	M
L	O	B	V	Y	A	G	T	K	P	A	A	O	K	M	M
X	W	W	I	M	D	S	E	L	T	T	W	A	Y	D	X
N	Z	J	R	T	A	C	L	O	U	I	O	T	O	M	I
D	X	L	H	H	J	W	G	W	N	V	Z	Y	A	E	O

BIJEN
DIEREN
ARCTISCH
SCHOONHEID
BOS
WOESTIJN
DYNAMISCH
EROSIE
GEBLADERTE
GLETSJER
MIST
WOLKEN
RUSTIG
SCHUILPLAATS
RIVIER
WILD
HEILIGDOM
SEREEN
TROPISCH
VITAAL

47 - Conduciendo

M	O	T	O	R	L	K	A	Q	H	M	Z	Y	N	S	M
L	T	E	W	K	I	A	T	X	S	C	Q	M	B	L	O
T	U	A	G	B	C	A	R	V	E	R	K	E	E	R	T
C	A	R	A	F	E	R	G	E	A	M	V	I	V	V	O
V	Z	F	R	R	N	T	C	E	M	K	Q	D	E	R	R
S	S	A	A	Q	T	H	D	H	V	M	N	A	I	A	F
D	M	C	G	O	I	S	Y	W	B	A	E	J	L	C	I
X	F	R	E	G	E	Y	I	B	F	G	A	N	I	H	E
V	O	E	T	G	A	N	G	E	R	K	N	R	G	T	T
B	T	I	O	N	G	E	L	U	K	R	X	V	H	A	S
F	S	T	S	N	E	L	H	E	I	D	X	C	E	U	D
B	D	I	M	B	V	S	Q	O	R	M	U	E	I	T	D
K	N	L	B	B	C	T	U	N	N	E	L	I	D	O	Z
N	A	O	L	G	V	E	R	V	O	E	R	B	I	V	N
K	R	P	T	A	A	C	C	R	H	T	G	N	P	I	P
J	B	F	G	S	E	W	I	I	N	U	V	A	Y	Z	C

ONGELUK
STRAAT
VRACHTAUTO
AUTO
BRANDSTOF
REMMEN
GARAGE
GAS
LICENTIE
KAART
MOTORFIETS
MOTOR
VOETGANGER
GEVAAR
POLITIE
VEILIGHEID
VERVOER
VERKEER
TUNNEL
SNELHEID

48 - Ballet

I	L	W	X	J	B	A	L	L	E	R	I	N	A	O	O
N	N	U	K	O	Y	K	J	L	E	S	S	E	N	R	U
B	R	T	Q	J	K	J	I	T	K	A	R	P	U	K	T
P	A	M	E	C	K	K	T	Z	K	Z	B	F	Y	E	O
N	G	U	T	N	R	F	S	W	R	G	V	Z	T	S	I
E	E	Z	R	T	S	I	N	O	P	M	O	C	Y	T	F
R	B	I	E	M	T	I	R	E	P	E	T	I	T	I	E
E	A	E	N	Z	Z	F	T	K	C	S	D	A	S	Y	I
I	A	K	M	O	N	D	C	E	D	F	X	Z	P	A	S
P	R	F	Z	Y	O	A	R	G	I	Z	Q	V	L	V	S
S	U	A	L	P	P	A	F	R	A	T	B	L	N	K	E
N	L	B	C	H	O	R	E	O	G	R	A	F	I	E	R
S	B	D	L	T	E	C	H	N	I	E	K	T	Q	C	P
I	P	M	D	I	E	H	G	I	D	R	A	A	V	V	X
D	G	N	S	R	E	S	N	A	D	C	A	X	S	A	E
V	Y	I	S	W	O	K	E	I	T	S	I	T	R	A	H

APPLAUS
ARTISTIEK
PUBLIEK
BALLERINA
DANSERS
COMPONIST
CHOREOGRAFIE
REPETITIE
STIJL
EXPRESSIEF
GEBAAR
VAARDIGHEID
INTENSITEIT
LESSEN
SPIEREN
MUZIEK
ORKEST
PRAKTIJK
RITME
TECHNIEK

49 - Fuerza y Gravedad

U	M	A	G	N	E	T	I	S	M	E	T	Q	Z	U	K
Q	N	E	M	M	O	D	N	E	G	I	E	Z	A	G	I
D	J	I	T	X	P	Y	M	G	N	I	V	J	I	R	W
M	P	P	V	O	K	Y	J	P	V	G	M	O	M	J	T
E	N	L	K	E	E	G	G	Y	U	N	E	P	A	P	G
C	A	U	A	U	R	Y	D	G	W	I	R	M	A	H	F
H	T	I	H	N	S	S	V	E	R	K	U	R	D	C	N
A	U	T	F	T	E	A	E	W	B	K	D	T	N	S	T
N	U	B	M	U	R	T	N	E	C	E	O	C	L	I	H
I	R	R	Q	J	M	B	E	N	L	D	U	B	W	M	C
C	K	E	M	S	O	A	D	N	A	T	S	F	A	A	I
A	U	I	G	J	U	A	M	C	Q	N	Y	Z	F	N	W
K	N	D	Y	C	G	N	A	V	M	O	Z	V	J	Y	E
J	D	I	E	H	L	E	N	S	X	W	D	E	V	D	G
A	E	N	F	Y	L	X	T	Z	T	C	F	Y	L	O	F
A	R	G	B	N	D	E	S	F	J	U	X	X	T	L	Y

CENTRUM
ONTDEKKING
DYNAMISCH
AFSTAND
AS
UITBREIDING
NATUURKUNDE
WRIJVING
IMPACT
MAGNETISME
OMVANG
MECHANICA
BAAN
GEWICHT
PLANETEN
DRUK
EIGENDOMMEN
TIJD
UNIVERSEEL
SNELHEID

50 - Aventura

R	A	Z	E	A	W	T	J	B	N	P	Y	D	H	U	E
M	E	D	T	H	S	D	I	E	H	N	O	O	H	C	S
O	M	I	W	C	K	N	D	S	R	D	L	I	N	S	L
E	S	E	S	G	J	E	L	T	M	Z	N	U	P	R	L
I	A	H	W	P	I	S	W	E	I	S	R	U	C	X	E
L	I	G	Z	T	L	S	K	M	B	X	Y	K	N	T	Y
I	S	I	B	L	R	A	R	M	G	P	B	F	A	P	D
J	U	L	E	C	A	R	N	I	M	O	E	D	V	N	L
K	O	I	E	H	A	R	E	N	E	W	C	A	I	I	I
H	H	E	W	N	V	E	D	G	F	B	U	F	G	E	Y
E	T	V	Q	M	E	V	N	Y	S	W	Z	M	A	U	O
I	N	E	X	M	G	O	E	S	X	Z	Q	K	T	W	Z
D	E	B	T	I	E	T	I	V	I	T	C	A	I	U	T
V	R	E	U	G	D	E	R	U	U	T	A	N	E	L	L
R	E	I	Z	E	N	A	V	U	Z	Z	I	S	P	H	G
E	L	J	B	H	O	N	G	E	W	O	O	N	S	B	X

ACTIVITEIT
VREUGDE
VRIENDEN
SCHOONHEID
BESTEMMING
MOEILIJKHEID
ENTHOUSIASME
EXCURSIE
ONGEWOON
REISPLAN
NATUUR
NAVIGATIE
NIEUW
KANS
GEVAARLIJK
VEILIGHEID
VERRASSEND
MOED
REIZEN

51 - Pájaros

R	U	Y	E	Y	U	N	T	O	W	S	N	A	G	I	D
K	E	O	K	E	O	K	P	O	E	T	L	J	L	P	S
O	F	I	U	D	A	E	W	I	Y	R	G	P	T	J	W
J	X	X	G	Z	Q	F	K	E	W	U	E	E	M	L	W
X	O	Q	D	E	B	O	M	V	K	I	V	B	I	H	Y
Z	G	Z	B	Q	R	R	J	A	F	S	P	Y	J	X	O
D	N	E	E	P	J	A	E	A	L	V	E	I	P	R	N
P	A	P	E	G	A	A	I	R	I	O	Y	N	Y	U	D
I	A	W	C	G	P	L	V	L	L	G	K	Y	C	P	Q
K	K	S	Z	B	F	E	P	N	C	E	Z	H	A	F	I
Z	I	Z	T	L	F	D	T	I	W	L	R	A	Q	H	O
V	L	M	W	K	R	A	A	I	N	Y	E	V	W	E	A
U	E	U	V	A	P	N	N	W	Y	G	L	I	J	H	X
P	P	S	H	P	A	C	O	O	L	V	U	K	D	U	P
S	Y	Y	X	O	G	N	I	M	A	L	F	Ï	G	L	F
L	O	U	G	R	P	U	T	O	E	K	A	N	N	U	N

STRUISVOGEL
ADELAAR
OOIEVAAR
ZWAAN
KOEKOEK
KRAAI
FLAMINGO
GANS
REIGER
MEEUW
MUS
HAVIK
EI
PAPEGAAI
DUIF
EEND
PELIKAAN
PINGUÏN
KIP
TOEKAN

52 - Geografía

Z	Z	J	L	N	V	S	N	N	T	C	I	K	W	M	Q
N	U	P	P	C	I	M	O	N	S	T	O	A	E	E	A
N	T	I	H	O	Y	G	O	S	P	M	V	A	R	R	U
Z	L	P	D	V	V	L	R	C	D	D	P	R	E	I	B
X	W	A	P	E	A	F	D	N	O	E	Q	T	L	D	R
Z	E	F	N	N	N	R	E	U	A	I	Z	N	D	I	E
R	D	Y	D	D	O	I	N	F	S	B	U	E	F	A	E
F	S	O	B	Q	Z	V	E	X	O	E	P	N	C	A	D
W	D	A	T	S	W	I	T	M	T	G	T	I	O	N	T
K	N	K	L	L	U	E	S	I	B	D	J	T	Q	F	E
H	O	O	G	T	E	R	E	H	J	N	L	N	U	S	G
F	R	I	R	D	A	N	W	A	D	O	V	O	I	X	R
O	F	G	E	T	Y	S	D	P	Q	R	K	C	S	M	A
B	L	E	B	L	E	N	G	T	E	G	R	A	A	D	A
K	A	R	K	B	V	Z	E	E	E	I	L	A	N	D	D
F	H	G	N	A	O	L	D	T	M	Q	W	E	K	R	K

HOOGTE
ATLAS
STAD
CONTINENT
HALFROND
EILAND
BREEDTEGRAAD
LENGTEGRAAD
KAART
ZEE
MERIDIAAN
BERG
WERELD
NOORDEN
WESTEN
LAND
REGIO
RIVIER
ZUIDEN
GRONDGEBIED

53 - Música

I	I	M	P	R	O	V	I	S	E	R	E	N	N	P	K
O	N	O	O	F	O	R	C	I	M	T	M	P	H	O	O
P	E	S	G	D	A	B	J	P	U	J	T	U	V	Ë	O
N	G	G	T	V	L	Q	P	N	B	R	I	Q	O	T	R
A	N	U	K	R	A	U	L	A	L	S	R	R	E	I	H
M	I	L	L	Q	U	K	O	I	A	R	E	P	O	S	U
E	Z	H	U	A	R	M	P	B	G	H	N	G	J	C	M
G	T	U	B	J	W	N	E	D	A	L	L	A	B	H	E
M	U	Z	I	K	A	A	L	N	C	V	M	H	Z	Z	L
K	L	A	S	S	I	E	K	A	T	O	U	Z	B	I	O
Z	A	N	G	E	R	P	C	S	G	C	Z	Y	Q	F	D
L	Y	H	A	R	M	O	N	I	E	A	I	O	X	P	I
R	J	N	K	K	N	J	P	W	T	A	K	W	V	F	E
K	Z	G	O	F	L	O	I	M	X	L	A	V	I	D	X
J	O	F	W	B	J	J	Z	N	E	A	N	K	C	L	G
H	A	R	M	O	N	I	S	C	H	T	T	G	T	O	C

HARMONIE
HARMONISCH
ALBUM
BALLADE
ZANGER
ZINGEN
KLASSIEK
KOOR
OPNAME
IMPROVISEREN
INSTRUMENT
MELODIE
MICROFOON
MUZIKAAL
MUZIKANT
OPERA
POËTISCH
RITME
TEMPO
VOCAAL

54 - Enfermedad

L	B	G	A	K	B	D	I	E	H	D	N	O	Z	E	G
V	M	K	Y	J	I	M	M	O	B	S	Ë	G	X	I	N
S	S	F	G	I	F	C	M	N	A	Z	E	T	N	H	I
Y	B	E	D	L	P	F	U	T	C	N	I	Z	R	T	L
O	A	X	O	E	C	O	N	S	T	R	G	Z	C	A	A
B	M	R	H	T	J	E	I	T	E	G	R	F	I	P	H
B	M	D	C	T	D	I	T	E	R	I	E	Y	H	O	M
N	O	Z	S	E	V	P	E	K	I	U	L	K	D	R	E
V	O	T	I	M	E	A	I	I	E	J	L	Y	Z	U	D
B	R	U	T	S	Z	R	T	N	E	C	A	H	K	E	A
G	D	U	E	E	Y	E	F	G	L	Y	Z	V	Q	N	D
N	N	C	N	B	N	H	W	E	H	G	P	L	T	E	A
F	Y	A	E	U	U	T	D	N	L	K	V	J	Q	D	J
I	S	V	G	I	M	A	A	H	C	I	L	T	I	N	S
Z	D	W	I	K	A	W	Z	S	S	L	J	G	K	E	U
C	H	R	O	N	I	S	C	H	D	Z	B	K	N	L	E

BUIK
ACUUT
ALLERGIEËN
BACTERIEEL
BESMETTELIJK
HART
CHRONISCH
LICHAAM
ZWAK
GENETISCH
ERFELIJK
BOTTEN
ONTSTEKING
IMMUNITEIT
LENDEN-
NEUROPATHIE
ADEMHALING
GEZONDHEID
SYNDROOM
THERAPIE

55 - Actividades

O	A	K	E	R	A	M	I	E	K	X	U	Q	D	U	S
H	N	M	V	A	A	R	D	I	G	H	E	I	D	G	H
I	Q	T	B	A	T	I	E	T	I	V	I	T	C	A	E
N	M	Q	S	A	H	T	N	E	L	E	D	N	A	W	N
Z	Y	R	E	P	C	S	H	N	E	T	U	J	V	U	G
P	S	E	M	K	A	H	T	E	Z	E	T	M	T	F	E
Z	U	Z	A	L	J	N	T	R	E	K	M	U	J	N	L
U	A	Z	G	B	J	V	N	E	N	M	A	G	I	E	S
E	K	V	Z	R	Q	Z	G	I	N	Q	J	P	R	I	P
F	K	X	J	E	F	I	P	N	N	K	H	L	E	A	O
Y	Y	U	M	H	L	T	E	I	K	G	L	E	D	A	R
C	F	J	T	M	A	S	A	U	D	M	C	Z	L	N	T
B	E	L	A	N	G	E	N	T	Z	I	R	I	I	D	P
P	Q	L	X	F	B	I	K	U	N	S	T	E	H	N	B
V	R	I	J	E	T	I	J	D	S	D	Z	R	C	B	Y
J	C	V	F	O	T	O	G	R	A	F	I	E	S	U	E

ACTIVITEIT
KUNST
AMBACHTEN
JACHT
KERAMIEK
NAAIEN
FOTOGRAFIE
VAARDIGHEID
BELANGEN
TUINIEREN
GAMES
LEZEN
MAGIE
VRIJE TIJD
HENGELSPORT
SCHILDERIJ
PLEZIER
ONTSPANNING
PUZZELS
WANDELEN

56 - Verduras

S	R	O	P	D	F	K	N	E	I	J	Z	G	P	K	P
B	W	S	W	Y	U	N	P	O	M	P	O	E	N	O	E
T	T	E	M	N	G	O	C	Z	Y	Y	C	I	W	M	T
B	W	R	C	J	E	F	J	I	L	O	E	Z	F	K	E
M	R	G	Y	L	M	L	K	Y	E	S	Z	A	T	O	R
W	E	O	Y	K	B	O	Y	S	T	J	M	N	M	M	S
T	Z	E	C	G	E	O	F	M	R	X	G	I	H	M	E
A	G	Y	R	C	R	K	H	J	O	U	C	P	R	E	L
A	A	D	I	V	O	L	T	O	W	J	S	S	R	R	I
M	V	R	E	D	A	L	A	S	J	I	D	A	R	O	E
O	V	L	D	Q	P	J	I	R	E	D	L	E	S	K	B
T	C	E	S	A	L	A	U	B	E	R	G	I	N	E	Q
A	L	P	V	L	P	A	R	T	I	S	J	O	K	Q	V
N	P	A	F	Z	N	P	B	L	O	V	V	B	C	H	I
M	N	F	G	S	T	L	E	O	T	S	E	D	D	A	P
R	A	A	P	A	U	D	H	L	U	S	I	S	M	X	C

KNOFLOOK
ARTISJOK
SELDERIJ
AUBERGINE
BROCCOLI
POMPOEN
UI
SALADE
SPINAZIE
ERWT

GEMBER
RAAP
OLIJF
AARDAPPEL
KOMKOMMER
PETERSELIE
RADIJS
PADDESTOEL
TOMAAT
WORTEL

57 - Instrumentos Musicales

G	Z	R	W	X	T	T	E	P	M	O	R	T	F	V	A
X	O	I	L	R	R	Y	C	I	A	L	A	O	A	I	D
D	F	N	R	S	O	B	M	A	R	L	A	X	G	O	C
Z	L	A	G	Q	M	W	I	C	I	E	T	O	O	O	Q
K	U	S	C	K	B	H	W	H	M	C	I	M	T	L	B
Q	I	T	L	I	O	J	N	A	B	L	G	K	D	M	V
W	T	G	J	F	N	F	T	I	A	S	I	I	F	D	L
W	E	Z	Z	H	E	O	M	A	N	D	O	L	I	N	E
H	L	T	R	F	L	Y	M	A	K	X	S	R	O	N	M
U	O	E	I	S	S	U	C	R	E	P	I	A	N	O	M
S	S	B	J	Q	S	M	F	V	A	V	N	O	R	L	O
O	J	O	O	W	E	W	I	G	B	H	Y	R	T	O	R
W	G	Z	K	L	A	R	I	N	E	T	D	D	J	Z	T
H	A	R	P	S	A	X	O	F	O	O	N	N	W	N	K
X	X	K	P	G	L	H	Y	Q	I	M	M	R	O	H	M
J	T	A	M	B	O	E	R	I	J	N	I	Y	K	M	I

MONDHARMONICA
HARP
BANJO
KLARINET
FAGOT
FLUIT
GONG
GITAAR
MANDOLINE
MARIMBA
HOBO
TAMBOERIJN
PERCUSSIE
PIANO
SAXOFOON
TROMMEL
TROMBONE
TROMPET
VIOOL
CELLO

58 - Formas

C	C	J	Z	V	C	I	R	K	E	L	C	G	W	S	T
C	M	B	O	J	E	V	R	U	C	R	B	G	G	L	H
T	L	O	O	B	R	E	P	Y	H	O	R	Q	Z	K	C
P	R	I	S	M	A	E	L	B	M	N	K	P	D	Z	Q
X	E	W	N	M	H	D	C	H	F	D	B	O	O	G	R
H	D	K	Q	J	M	I	J	H	O	E	N	D	K	K	I
O	N	F	A	T	B	M	S	L	T	E	N	J	T	E	S
F	I	L	P	N	H	A	E	I	G	H	K	E	O	H	E
P	L	H	Y	A	T	R	R	J	V	D	O	I	W	K	Q
I	I	S	U	K	C	I	Z	N	S	R	S	E	V	C	I
O	C	U	B	R	N	P	D	Q	M	I	U	T	K	X	A
R	A	N	D	E	N	W	V	H	G	E	B	O	L	U	G
C	A	P	Z	I	Q	S	C	V	S	H	U	M	A	E	N
I	O	M	B	V	M	R	D	Z	J	O	K	Y	A	Q	X
C	C	E	W	D	F	L	Q	Q	H	E	J	D	V	Z	V
I	I	L	K	F	K	E	G	E	L	K	E	W	O	Y	Q

BOOG
RANDEN
CILINDER
CIRKEL
KEGEL
VIERKANT
KUBUS
CURVE
BOL
HOEK
HYPERBOOL
KANT
LIJN
OVAAL
PIRAMIDE
VEELHOEK
PRISMA
RECHTHOEK
RONDE
DRIEHOEK

59 - Flores

P	M	E	O	L	B	E	I	S	S	A	P	H	C	T	A
V	A	U	R	R	N	N	W	Y	I	L	X	P	C	U	Y
M	T	A	U	H	C	Q	K	N	C	I	T	I	S	L	P
A	U	D	R	W	I	H	K	I	R	L	Y	O	L	P	H
G	P	Q	E	D	M	B	I	R	A	T	V	E	A	E	F
N	A	V	V	A	E	I	I	D	N	H	B	N	V	W	C
O	P	C	A	L	O	B	J	S	E	N	P	R	E	N	D
L	A	R	L	B	L	I	L	Z	C	E	E	O	N	O	R
I	V	K	K	M	B	B	X	O	W	U	D	O	D	G	M
A	E	J	Y	E	E	S	B	Y	E	N	S	S	E	A	R
J	R	A	W	O	N	Z	T	Y	I	M	S	H	L	R	J
L	A	S	H	L	N	S	M	V	L	R	O	O	S	D	R
W	W	M	W	B	O	L	W	T	E	K	E	O	B	E	U
W	X	I	W	Y	Z	N	G	E	L	D	V	L	V	N	R
C	E	J	F	E	I	L	E	D	A	M	D	L	O	I	M
K	M	N	W	Z	U	E	X	R	H	P	Y	V	J	A	U

PAPAVER
PAARDEBLOEM
GARDENIA
ZONNEBLOEM
HIBISCUS
JASMIJN
LAVENDEL
LILA
LELIE
MAGNOLIA
MADELIEFJE
NARCIS
ORCHIDEE
PASSIEBLOEM
PIOENROOS
BLOEMBLAD
BOEKET
ROOS
KLAVER
TULP

60 - Astronomía

V	E	R	D	U	I	S	T	E	R	I	N	G	M	P	A
J	U	S	W	Y	I	Y	Q	G	O	G	N	X	E	L	C
U	N	I	V	E	R	S	U	M	N	A	A	M	T	A	H
O	B	S	E	R	V	A	T	O	R	I	U	M	E	N	A
R	A	V	O	N	R	E	P	U	S	P	L	X	O	E	N
A	A	R	J	M	O	O	N	O	R	T	S	A	O	E	Y
K	S	S	S	Q	S	P	E	P	L	R	Y	A	R	T	U
E	T	A	D	I	X	O	J	Q	Z	Y	W	W	C	T	V
T	E	D	R	A	A	O	K	S	U	O	W	A	U	U	S
T	R	J	P	O	W	C	M	U	V	I	T	E	V	A	G
B	O	M	W	A	Q	S	X	S	Y	J	N	T	U	N	V
N	Ï	V	S	A	T	E	L	L	I	E	T	O	L	O	P
L	D	R	Y	F	X	L	E	M	E	H	G	D	X	R	S
S	E	P	Q	D	L	E	E	B	N	E	R	R	E	T	S
U	F	X	F	S	O	T	P	M	H	M	I	G	U	S	V
Z	W	A	A	R	T	E	K	R	A	C	H	T	I	A	X

ASTEROÏDE
ASTRONAUT
ASTRONOOM
HEMEL
RAKET
STERRENBEELD
KOSMOS
VERDUISTERING
EQUINOX
ZWAARTEKRACHT
MAAN
METEOOR
OBSERVATORIUM
PLANEET
STRALING
SATELLIET
SUPERNOVA
TELESCOOP
AARDE
UNIVERSUM

61 - Tiempo

V	Q	D	G	E	Y	K	E	L	G	H	J	Y	A	P	K
K	O	L	T	W	M	M	A	H	F	S	G	H	L	G	L
X	B	O	L	L	D	U	O	L	N	D	S	U	J	I	O
R	D	E	R	N	J	J	C	S	E	F	U	X	O	S	K
O	G	I	U	E	C	T	H	C	A	N	V	Y	C	T	B
Y	I	W	U	E	E	S	T	G	X	J	D	A	Q	E	X
C	D	H	E	J	S	M	E	F	W	E	T	E	Y	R	O
A	Q	J	W	E	O	O	N	M	W	A	H	J	R	E	P
O	E	L	N	U	K	K	D	H	M	Z	K	A	X	N	M
L	J	G	D	E	C	E	N	N	I	U	M	A	F	G	W
V	B	A	Y	T	J	O	N	Q	X	M	E	R	A	B	I
R	Y	A	O	A	Q	T	J	A	A	R	L	I	J	K	S
H	L	D	N	P	Z	M	M	Q	D	M	F	M	Y	E	N
M	I	N	U	U	T	A	G	E	R	L	K	T	R	U	Y
N	B	A	F	W	M	O	M	E	N	T	Z	C	G	G	J
R	X	V	M	I	D	D	A	G	A	D	M	A	A	N	D

NU
VOOR
JAARLIJKS
JAAR
GISTEREN
KALENDER
DECENNIUM
DAG
TOEKOMST
UUR
VANDAAG
OCHTEND
MIDDAG
MAAND
MINUUT
MOMENT
NACHT
KLOK
WEEK
EEUW

62 - Paisajes

X	R	W	A	T	E	R	V	A	L	J	M	W	T	N	P
R	I	E	S	A	O	E	N	U	G	A	L	L	O	C	S
V	V	S	E	A	M	T	S	N	P	F	B	F	E	A	C
O	I	C	E	M	L	Y	T	T	O	R	G	Z	N	J	H
D	E	I	J	S	B	E	R	G	U	K	A	E	D	G	I
Y	R	E	S	I	E	G	B	R	T	A	R	E	R	T	E
P	V	L	C	O	T	K	P	E	X	T	R	J	A	C	R
T	V	L	I	D	Q	D	L	B	I	Y	G	I	O	Z	E
M	M	A	D	F	E	I	L	A	N	D	R	N	U	C	I
S	O	V	O	G	E	U	P	A	J	N	L	A	N	M	L
I	X	E	B	W	K	D	I	A	I	A	U	A	P	I	A
H	G	N	R	J	X	H	H	L	T	R	P	K	W	I	N
K	Y	K	R	A	B	R	E	J	S	T	E	L	G	V	D
Z	R	Z	T	Z	S	G	R	O	E	S	U	U	V	P	I
W	K	F	H	E	G	X	M	J	O	K	K	V	F	N	P
L	Q	U	S	H	Y	T	X	I	W	P	H	A	L	A	A

WATERVAL
GROT
WOESTIJN
ESTUARIUM
GEISER
GLETSJER
IJSBERG
EILAND
MEER
LAGUNE
ZEE
BERG
OASE
MOERAS
SCHIEREILAND
STRAND
RIVIER
TOENDRA
VALLEI
VULKAAN

63 - Días y Meses

W	J	Z	S	W	P	P	I	R	A	U	R	B	E	F	S
X	O	A	N	O	E	I	P	P	U	O	S	Z	O	B	C
K	F	E	N	B	U	L	G	S	G	A	W	B	K	Q	O
Y	K	I	N	U	J	I	Z	C	U	K	F	K	T	I	R
X	V	S	P	S	A	E	D	X	S	J	H	L	O	H	L
L	F	Q	I	X	D	R	V	J	T	P	J	D	B	N	A
M	Z	E	B	G	M	A	I	L	U	J	A	E	E	X	Y
Z	O	N	D	A	G	Z	G	M	S	I	P	N	R	A	T
K	Q	D	L	Q	A	R	A	N	O	V	E	M	B	E	R
A	V	I	K	I	D	L	D	M	Y	X	P	O	B	J	A
L	S	N	B	W	R	S	N	V	R	I	J	D	A	G	A
E	W	S	A	P	E	P	A	P	H	V	V	G	M	U	J
N	E	D	W	Q	T	O	A	Q	G	W	W	K	F	S	A
D	E	A	D	N	A	A	M	F	A	K	Y	S	L	Q	R
E	K	G	W	I	Z	D	O	N	D	E	R	D	A	G	P
R	S	E	P	T	E	M	B	E	R	N	D	S	P	T	U

APRIL
AUGUSTUS
JAAR
KALENDER
ZONDAG
JANUARI
FEBRUARI
DONDERDAG
JULI
JUNI
MAANDAG
DINSDAG
MAAND
WOENSDAG
NOVEMBER
OKTOBER
ZATERDAG
WEEK
SEPTEMBER
VRIJDAG

64 - Biología

D	L	V	L	Y	N	E	V	W	T	E	E	E	B	C	F
Z	O	F	Y	J	U	E	X	G	P	I	M	N	A	H	X
M	U	T	A	T	I	E	U	B	B	W	B	Z	C	R	F
S	Y	N	A	P	S	I	I	R	D	I	R	Y	T	O	O
J	F	K	R	E	F	M	P	T	O	T	Y	M	E	M	T
M	X	J	E	E	S	O	S	O	U	N	O	O	R	O	O
O	Y	I	G	T	Q	T	X	Q	J	L	Y	H	I	S	S
X	P	L	W	O	T	A	C	S	C	R	O	V	Ë	O	Y
M	X	R	T	T	N	N	O	Y	F	E	S	V	N	O	N
Q	P	U	B	J	Y	A	L	M	O	I	L	B	E	M	T
M	P	U	T	C	O	M	L	B	U	D	E	U	Z	H	H
D	S	T	A	Y	S	Y	A	I	M	G	I	D	G	L	E
Z	A	A	X	G	M	H	G	O	G	O	T	M	F	P	S
Z	E	N	U	W	O	G	E	S	J	O	P	D	V	T	E
T	H	V	L	E	S	U	E	E	R	Z	E	R	B	B	B
G	S	N	Y	O	E	U	N	O	O	M	R	O	H	F	Z

ANATOMIE
BACTERIËN
CEL
COLLAGEEN
CHROMOSOOM
EMBRYO
ENZYM
EVOLUTIE
FOTOSYNTHESE
HORMOON
ZOOGDIER
MUTATIE
NATUURLIJK
ZENUW
NEURON
OSMOSE
EIWIT
REPTIEL
SYMBIOSE
SYNAPS

65 - Chocolate

R	J	Q	A	M	O	R	A	R	P	M	J	I	A	P	K
E	O	P	R	R	Z	E	K	J	I	L	R	E	E	H	P
A	X	M	E	H	T	K	F	L	N	C	A	C	A	O	E
P	N	O	T	Q	E	I	E	E	D	S	M	A	A	K	T
O	K	T	T	Y	O	U	S	M	A	S	C	Q	M	D	E
E	F	O	I	I	Z	S	C	A	S	W	V	A	V	Y	N
D	Y	O	B	O	S	S	P	R	N	U	L	N	M	Y	X
E	X	N	T	U	X	C	B	A	W	A	Y	X	Y	O	L
R	Z	S	B	E	F	I	H	K	W	Q	A	T	J	X	C
M	I	O	K	D	T	N	D	Q	W	Q	W	L	V	S	X
P	X	K	G	X	P	K	F	A	W	X	I	F	D	R	M
H	O	O	U	G	E	W	D	G	N	R	Z	O	J	Z	E
A	J	K	I	X	C	V	T	I	E	T	I	L	A	W	K
H	I	N	G	R	E	D	I	Ë	N	T	C	Y	T	K	E
J	F	A	V	O	R	I	E	T	W	K	C	Q	X	H	L
Z	E	X	M	A	C	A	L	O	R	I	E	Ë	N	N	A

BITTER
ANTIOXIDANT
AROMA
ARTISANAAL
SUIKER
PINDA'S
CACAO
KWALITEIT
CALORIEËN
KARAMEL
KOKOSNOOT
ETEN
HEERLIJK
ZOET
EXOTISCH
FAVORIET
SMAAK
INGREDIËNT
POEDER
RECEPT

66 - Barbacoas

Z	F	Q	V	S	H	E	E	T	F	L	Y	S	R	N	Z
D	X	V	M	M	I	O	T	U	K	R	U	X	Z	K	O
G	C	B	A	C	Q	O	N	O	T	E	U	N	O	S	Z
R	X	J	Z	Q	R	Q	E	Z	K	N	K	I	C	M	E
F	L	D	U	F	I	C	O	U	I	I	H	R	T	H	U
A	N	L	I	K	V	E	R	X	N	D	U	D	Z	S	O
M	M	R	E	P	E	P	G	S	D	V	Q	C	F	R	H
I	K	O	N	Y	X	G	Q	H	E	Q	S	L	Z	Q	M
L	E	W	E	S	A	U	S	X	R	D	I	E	I	W	G
I	X	M	S	F	I	U	G	S	E	M	A	G	X	H	D
E	J	P	S	U	E	E	O	M	N	F	L	L	I	R	G
B	A	M	E	U	K	R	T	U	L	Z	M	H	A	S	E
K	I	P	M	F	F	O	G	Z	Z	O	M	E	R	S	Y
T	O	M	A	T	E	N	P	I	N	C	F	Y	R	D	D
C	F	D	M	C	Q	C	I	E	U	H	O	N	G	E	R
V	Z	C	P	G	E	E	K	K	N	I	N	K	U	X	L

LUNCH
HEET
UIEN
DINER
MESSEN
SALADES
FAMILIE
FRUIT
HONGER
GAMES

MUZIEK
KINDEREN
GRILL
PEPER
KIP
ZOUT
SAUS
TOMATEN
ZOMER
GROENTE

67 - Ropa

S	C	H	O	R	T	S	H	U	B	S	H	I	R	T	V
V	L	S	B	Y	U	Z	A	W	R	S	K	V	L	X	Z
E	G	A	L	M	N	S	N	O	O	A	S	M	W	R	P
S	V	Q	M	J	G	O	D	C	E	S	U	O	L	B	M
G	J	K	Q	E	U	M	S	C	K	A	W	W	V	G	Y
B	D	A	H	Y	U	M	C	M	L	J	H	I	G	Q	G
J	N	I	A	I	R	S	H	S	G	X	R	C	U	K	N
J	A	X	Q	L	W	O	O	C	U	K	S	L	M	R	I
F	B	S	I	V	B	Z	E	U	C	S	A	D	M	O	T
C	M	S	J	O	L	T	N	F	Z	I	N	U	B	K	T
J	R	R	I	E	P	T	E	D	H	I	D	C	K	R	E
S	A	R	Z	P	V	A	N	X	Y	O	A	Z	S	I	K
H	O	E	D	N	P	Y	J	A	M	A	L	Z	W	E	J
E	K	K	P	O	F	N	E	D	A	R	E	I	S	M	U
E	S	C	H	O	E	N	G	D	V	D	N	B	Q	F	R
P	R	E	X	H	M	U	O	U	R	M	O	D	E	H	K

JAS
BLOUSE
SJAAL
SHIRT
JASJE
RIEM
KETTING
SCHORT
ROK
HANDSCHOENEN

SIERADEN
MODE
BROEK
PYJAMA
ARMBAND
SANDALEN
HOED
TRUI
JURK
SCHOEN

68 - Meditación

W	H	P	I	K	C	W	K	E	I	Z	U	M	M	A	S
G	O	W	E	Z	H	U	V	A	X	P	Q	J	E	A	T
Y	U	I	L	R	H	D	K	U	L	E	G	Y	N	N	I
E	D	E	R	V	S	E	I	T	O	M	E	A	T	V	L
X	I	V	I	X	K	P	L	I	T	W	W	J	A	A	T
B	N	N	E	G	O	D	E	D	E	M	T	D	A	A	E
Y	G	E	I	U	O	V	A	C	E	X	R	K	L	R	F
A	A	N	D	A	C	H	T	B	T	R	E	P	B	D	N
G	E	D	A	C	H	T	E	N	S	I	H	N	G	I	A
Q	G	M	U	A	J	Q	I	T	E	H	E	E	N	N	T
H	L	T	U	Y	W	F	F	C	E	S	W	F	I	G	U
A	D	E	M	H	A	L	I	N	G	N	Q	P	G	D	U
D	A	N	K	B	A	A	R	H	E	I	D	Y	E	T	R
S	Y	M	O	B	S	E	R	V	A	T	I	E	W	D	A
J	L	R	J	E	V	N	D	I	K	A	G	V	E	U	R
F	O	R	T	G	N	K	Y	O	S	L	X	F	B	Y	K

AANVAARDING
AANDACHT
KALM
HELDERHEID
MEDEDOGEN
EMOTIES
GELUK
DANKBAARHEID
MENTAAL
GEEST
BEWEGING
MUZIEK
NATUUR
OBSERVATIE
VREDE
GEDACHTEN
PERSPECTIEF
HOUDING
ADEMHALING
STILTE

69 - Café

B	O	G	V	P	U	W	A	M	O	R	A	V	B	E	M
E	O	E	L	M	P	Z	V	E	C	N	J	X	J	S	A
K	R	R	O	M	J	M	C	Q	H	Z	X	F	Z	X	L
E	S	O	E	F	C	L	D	I	T	S	M	A	A	K	E
R	P	O	I	A	K	U	M	I	E	W	N	A	K	N	N
E	R	S	S	Y	C	Z	P	Z	N	S	A	J	Q	A	U
K	O	T	T	N	C	F	O	W	D	O	H	T	H	R	O
I	N	E	O	H	W	X	M	A	C	D	R	E	E	D	U
U	G	R	F	P	A	B	E	R	I	A	T	L	L	R	I
S	K	D	D	R	A	I	I	T	S	N	F	C	Y	K	N
A	J	F	H	D	J	C	F	T	N	K	H	E	W	W	S
Z	V	Q	S	G	Z	G	R	E	T	L	I	F	Ï	J	N
O	B	I	I	H	D	Z	U	U	R	E	Y	R	Z	N	R
P	R	I	J	S	M	X	R	O	O	M	R	V	Y	D	E
V	A	R	I	Ë	T	E	I	T	D	O	P	C	F	K	O
D	J	F	I	Q	S	Z	H	C	L	L	G	I	N	P	N

WATER
BITTER
AROMA
GEROOSTERD
SUIKER
ZUUR
DRANK
CAFEÏNE
ROOM
FILTER
MELK
VLOEISTOF
OCHTEND
MALEN
ZWART
OORSPRONG
PRIJS
SMAAK
BEKER
VARIËTEIT

70 - Libros

G	H	C	U	B	X	K	R	X	G	H	L	D	V	A	B
B	L	A	D	Z	I	J	D	E	E	C	O	E	E	U	G
N	N	Q	T	J	V	Y	K	G	S	S	T	G	R	T	X
X	K	N	V	Z	A	C	H	P	C	I	X	F	T	E	Q
H	R	Z	N	E	J	L	A	A	H	R	E	V	E	U	H
P	U	M	B	M	U	U	N	D	R	O	T	Q	L	R	P
O	U	M	L	S	P	S	O	K	E	T	N	B	L	I	H
Ë	T	Q	O	R	O	M	A	N	V	S	O	Q	E	H	X
Z	N	W	T	R	E	Z	E	L	E	I	C	T	R	C	J
I	O	H	N	R	I	E	Z	W	N	H	N	H	D	S	G
E	V	Z	A	A	R	S	C	O	L	L	E	C	T	I	E
U	A	L	V	F	E	I	T	N	E	V	N	I	J	G	P
Y	E	S	E	W	S	B	Z	I	E	H	U	D	Y	A	O
D	U	A	L	I	T	E	I	T	S	G	D	E	W	R	Y
L	I	T	E	R	A	I	R	K	J	C	S	G	D	T	O
J	P	D	R	D	W	S	J	C	U	P	H	Z	C	B	I

AUTEUR
AVONTUUR
COLLECTIE
CONTEXT
DUALITEIT
GESCHREVEN
VERHAAL
HISTORISCH
HUMORISTISCH
INVENTIEF
LEZER
LITERAIR
VERTELLER
ROMAN
BLADZIJDE
RELEVANT
GEDICHT
POËZIE
SERIE
TRAGISCH

71 - Los Medios de Comunicación

S	D	N	M	E	I	R	T	S	U	D	N	I	O	H	C
B	P	C	R	P	K	E	I	L	B	U	P	X	N	O	T
O	N	L	I	N	E	T	J	U	L	V	B	N	D	U	N
I	I	E	L	Q	O	H	D	L	E	C	U	M	E	D	B
D	E	E	C	G	G	S	S	O	T	O	F	F	R	I	N
A	R	U	O	F	N	L	C	J	S	G	M	Y	W	N	J
R	L	T	M	Z	I	I	H	Q	A	H	J	N	I	G	T
E	O	C	M	Z	N	K	R	E	W	T	E	N	J	L	E
D	K	E	E	N	E	T	I	E	F	I	M	D	S	S	L
I	A	L	R	F	M	X	F	O	I	F	R	G	W	Y	E
G	A	L	C	T	N	M	T	U	R	C	J	D	O	Z	V
I	L	E	I	T	I	D	E	J	F	U	N	V	J	H	I
T	L	T	E	U	K	P	N	C	S	G	N	A	S	Z	S
A	J	N	E	T	N	A	R	K	A	U	I	U	N	E	I
A	O	I	L	I	Y	J	G	W	J	N	G	U	E	I	E
L	C	O	M	M	U	N	I	C	A	T	I	E	W	R	F

HOUDING
COMMERCIEEL
COMMUNICATIE
DIGITAAL
EDITIE
ONDERWIJS
ONLINE
FINANCIERING
FOTO'S
FEITEN
INDUSTRIE
INTELLECTUEEL
LOKAAL
MENING
KRANTEN
PUBLIEK
RADIO
NETWERK
TIJDSCHRIFTEN
TELEVISIE

72 - Nutrición

V	C	L	E	V	G	G	E	I	W	I	T	T	E	N	G
I	A	I	V	L	A	F	R	E	T	T	I	B	P	F	O
T	L	H	E	O	E	O	A	A	U	Y	T	Q	W	O	W
A	O	C	N	E	I	T	A	T	N	E	M	R	E	F	X
M	R	I	W	I	W	S	B	P	E	E	N	I	X	O	T
I	I	F	I	S	G	S	T	N	T	F	N	H	J	Q	I
N	E	I	C	T	F	G	E	E	A	D	D	A	L	B	J
E	Ë	X	H	O	D	N	E	K	R	P	I	I	H	L	O
S	N	E	T	F	W	I	Y	K	D	N	O	Z	E	G	F
U	M	U	I	F	A	D	L	W	Y	M	W	Q	W	E	V
A	F	A	G	E	A	E	O	T	H	C	I	W	E	G	T
S	R	T	A	N	Y	O	O	G	L	X	I	K	X	I	B
Y	N	E	P	K	Q	V	W	G	O	W	Y	W	P	N	J
E	E	T	L	U	S	T	S	W	O	U	Z	B	C	W	O
K	W	A	L	I	T	E	I	T	K	E	O	W	R	W	Q
G	E	Z	O	N	D	H	E	I	D	L	J	W	Q	Z	G

BITTER
EETLUST
KWALITEIT
CALORIEËN
KOOLHYDRATEN
GRANEN
EETBAAR
DIEET
EVENWICHTIG
FERMENTATIE
VLOEISTOFFEN
VOEDINGSSTOF
GEWICHT
EIWITTEN
SMAAK
SAUS
GEZONDHEID
GEZOND
TOXINE
VITAMINE

73 - Edificios

B	O	E	R	D	E	R	I	J	S	D	X	L	S	A	T
L	O	G	U	C	E	E	L	E	E	T	S	A	K	Y	S
A	B	A	U	G	V	T	B	X	I	V	A	E	Q	B	J
B	S	R	H	H	U	A	B	L	C	Q	J	D	R	O	H
O	E	A	C	M	G	E	H	O	T	E	L	U	I	P	O
R	R	G	S	I	U	H	N	E	K	E	I	Z	H	O	D
A	V	E	Z	N	M	T	X	P	F	B	Z	Z	E	O	N
T	A	S	U	P	E	R	M	A	R	K	T	P	R	C	E
O	T	A	M	B	A	S	S	A	D	E	H	H	B	S	R
R	O	A	P	P	A	R	T	E	M	E	N	T	E	O	O
I	R	F	A	B	R	I	E	K	P	K	M	S	R	I	T
U	I	R	Q	I	F	H	A	H	A	P	U	S	G	B	N
M	U	E	S	U	M	K	A	H	J	B	X	P	F	U	H
B	M	U	N	I	V	E	R	S	I	T	E	I	T	L	K
G	W	W	H	S	C	H	O	O	L	P	A	N	E	U	E
U	S	U	U	Z	Y	K	L	L	K	C	G	F	Z	U	C

HERBERG
APPARTEMENT
KASTEEL
BIOSCOOP
AMBASSADE
SCHOOL
STADION
FABRIEK
GARAGE
SCHUUR

BOERDERIJ
ZIEKENHUIS
HOTEL
LABORATORIUM
MUSEUM
OBSERVATORIUM
SUPERMARKT
THEATER
TOREN
UNIVERSITEIT

74 - Océano

S	G	D	K	W	R	B	X	P	S	Z	C	L	J	D	C
T	Y	H	Q	A	R	V	J	D	H	L	A	A	R	O	K
O	Y	S	V	L	E	F	J	I	T	I	M	K	E	L	V
R	A	A	L	V	F	Z	R	R	V	O	Q	T	T	F	Y
M	G	V	O	I	K	K	A	L	G	E	N	B	S	I	J
E	S	E	T	S	Z	W	W	Q	J	Q	N	O	E	J	X
T	V	L	T	O	V	E	A	V	I	S	H	U	O	N	W
N	G	E	A	I	N	I	G	L	G	A	R	N	A	A	L
S	K	R	A	B	J	I	S	C	H	I	L	D	P	A	D
P	B	R	V	H	F	D	J	B	G	U	Y	X	J	A	S
O	O	I	G	K	N	P	E	N	H	E	B	V	B	M	A
N	O	F	C	F	Z	B	H	N	O	C	T	O	P	U	S
S	T	Y	F	F	S	E	B	K	H	S	H	Q	S	F	X
A	Z	O	U	T	V	R	G	G	A	L	K	P	B	X	N
J	Z	O	P	V	B	Q	S	I	A	K	A	T	Q	B	R
I	Q	Z	F	D	L	L	E	B	I	T	L	H	E	K	E

ALGEN
AAL
RIF
TONIJN
WALVIS
BOOT
GARNAAL
KRAB
KORAAL
DOLFIJN
SPONS
GETIJDEN
KWAL
OESTER
VIS
OCTOPUS
ZOUT
HAAI
STORM
SCHILDPAD

75 - Ciudad

U	H	Z	R	B	Y	B	P	C	W	S	P	A	A	E	S
N	K	N	E	V	A	H	T	H	C	U	L	E	T	O	H
T	I	C	V	L	V	K	E	I	N	I	L	K	F	N	H
G	M	U	S	E	U	M	K	W	S	O	L	R	B	T	E
A	N	I	U	T	N	E	R	E	I	D	W	E	A	I	C
L	B	G	M	Z	S	W	K	M	R	N	W	T	S	E	J
E	C	G	F	F	C	T	E	D	A	I	K	A	A	T	K
R	T	K	E	E	H	T	O	P	A	R	J	E	W	I	T
I	T	N	P	C	O	Q	N	Z	L	N	K	H	L	S	M
J	R	A	S	Q	O	Q	N	W	X	T	R	T	P	R	Z
M	G	B	F	I	L	B	O	E	K	H	A	N	D	E	L
E	K	E	E	H	T	O	I	L	B	I	B	G	L	V	H
H	I	B	Q	O	K	X	D	R	M	K	Y	P	R	I	T
I	H	U	A	T	K	R	A	M	R	E	P	U	S	N	F
B	L	O	E	M	I	S	T	Z	P	K	N	L	Y	U	K
B	D	K	E	F	N	J	S	B	I	O	S	C	O	O	P

LUCHTHAVEN
BANK
BIBLIOTHEEK
BIOSCOOP
KLINIEK
SCHOOL
STADION
APOTHEEK
BLOEMIST
GALERIJ
HOTEL
BOEKHANDEL
MARKT
MUSEUM
BAKKERIJ
SUPERMARKT
THEATER
WINKEL
UNIVERSITEIT
DIERENTUIN

76 - Agronomía

N	K	I	G	X	H	Q	E	Z	F	Z	K	P	H	X	S
X	J	C	R	Q	A	D	J	I	E	O	R	G	R	L	Y
N	G	L	O	W	Y	N	M	E	Y	T	E	R	S	H	S
B	N	D	E	K	H	Y	G	K	F	S	T	E	G	B	T
P	L	B	N	J	C	W	H	T	P	S	A	U	N	E	E
R	A	Y	T	I	S	D	P	E	C	F	W	W	I	Z	M
O	N	E	E	L	I	S	P	N	E	T	N	A	L	P	E
D	D	I	D	E	N	T	I	F	I	C	A	T	I	E	N
U	B	G	W	D	A	E	I	D	U	T	S	T	U	J	E
C	O	O	S	N	G	X	D	V	X	X	H	D	V	R	N
T	U	L	S	A	R	T	B	A	U	E	I	E	R	X	E
I	W	O	Z	L	O	I	B	R	Z	U	C	A	E	S	R
E	A	C	D	U	U	R	Z	A	A	M	H	O	V	M	G
O	S	E	W	E	T	E	N	S	C	H	A	P	Q	E	I
S	F	W	W	O	H	M	J	D	Z	A	P	O	F	S	E
T	L	F	O	S	Y	U	V	E	R	O	S	I	E	T	P

LANDBOUW
WATER
WETENSCHAP
VERVUILING
GROEI
ECOLOGIE
ENERGIE
ZIEKTEN
EROSIE
STUDIE

MEST
IDENTIFICATIE
ORGANISCH
PLANTEN
PRODUCTIE
LANDELIJK
ZADEN
SYSTEMEN
DUURZAAM
GROENTE

77 - Actividades y Ocio

V	O	L	L	E	Y	B	A	L	K	E	L	Z	K	P	Z
R	U	L	A	B	K	N	O	H	E	T	A	W	A	W	W
J	Y	A	I	T	S	N	U	K	N	O	W	E	M	X	O
Q	G	B	R	E	I	E	Q	G	T	N	A	M	P	U	X
B	Q	T	C	N	E	F	R	U	S	T	N	M	E	Y	F
I	O	E	J	N	R	L	D	X	J	S	D	E	R	F	B
Y	M	K	T	I	P	O	K	F	T	P	E	N	E	P	W
Z	Y	S	S	S	R	G	G	C	B	A	L	L	N	Q	B
K	A	A	E	E	A	E	E	I	B	N	E	K	I	U	D
W	V	B	E	V	N	G	D	K	Z	N	N	T	P	Q	C
V	O	E	T	B	A	L	N	L	Y	E	H	M	I	R	Y
T	U	I	N	I	E	R	E	N	I	N	M	O	P	Z	A
R	A	C	E	N	R	Q	B	E	V	H	C	U	B	W	G
H	E	N	G	E	L	S	P	O	R	T	C	N	O	B	I
L	S	T	L	Y	W	D	A	J	M	T	N	S	K	C	Y
V	I	O	P	W	Y	M	B	N	V	W	Q	N	E	V	P

HOBBY
KUNST
BASKETBAL
HONKBAL
BOKSEN
DUIKEN
KAMPEREN
RACEN
VOETBAL
GOLF
TUINIEREN
ZWEMMEN
HENGELSPORT
SCHILDERIJ
ONTSPANNEN
WANDELEN
SURFEN
TENNIS
REIS
VOLLEYBAL

78 - Ingeniería

U	F	L	J	L	C	D	E	C	V	H	O	E	K	C	E
N	O	E	I	T	U	B	I	R	T	S	I	D	Q	Z	V
L	T	A	B	R	C	C	A	A	A	U	S	T	G	V	N
H	S	T	K	Q	R	S	S	F	G	N	O	I	A	P	M
E	I	G	N	I	W	U	T	S	T	R	O	O	V	H	D
B	E	R	E	K	E	N	I	N	G	Y	A	S	E	Z	D
G	O	A	T	Q	Q	Y	U	R	M	Q	C	M	O	C	I
N	L	Z	J	S	C	F	D	I	A	M	E	T	E	R	E
I	V	K	A	N	A	J	Q	Z	N	A	N	J	I	U	S
T	R	W	R	I	J	V	I	N	G	F	I	S	G	U	E
E	O	V	O	D	R	P	N	N	T	K	H	C	R	T	L
M	T	H	C	A	R	K	O	B	E	S	C	N	E	C	G
H	O	P	Q	H	H	L	B	O	O	O	A	S	N	U	J
F	M	N	E	M	O	B	F	E	H	U	M	E	E	R	T
S	T	A	B	I	L	I	T	E	I	T	W	I	G	T	Y
Y	D	W	F	N	D	I	O	D	N	V	Q	G	V	S	R

HOEK
BEREKENING
BOUW
DIAGRAM
DIAMETER
DIESEL
DISTRIBUTIE
AS
ENERGIE
STABILITEIT
STRUCTUUR
WRIJVING
KRACHT
VLOEISTOF
MACHINE
METING
MOTOR
HEFBOMEN
DIEPTE
VOORTSTUWING

79 - Comida #1

S	R	E	E	P	A	S	D	X	F	D	O	X	N	D	S
S	A	E	D	Z	D	J	A	F	A	V	D	E	S	W	I
W	A	V	A	B	X	U	S	K	U	Q	F	H	J	B	D
J	P	F	L	O	L	T	U	O	Z	D	D	V	D	R	V
L	H	A	A	E	Y	Z	I	S	P	I	N	A	Z	I	E
C	K	Y	S	K	E	Q	K	L	E	M	W	J	T	U	T
U	K	I	J	G	W	S	E	W	O	R	T	E	L	U	T
T	K	K	A	P	D	A	R	O	N	K	J	G	J	H	O
P	Z	Y	S	G	S	B	B	A	S	I	L	I	C	U	M
J	Q	W	G	X	M	N	R	X	G	B	E	S	R	W	O
T	N	U	M	Z	W	U	Y	S	G	D	E	A	G	H	M
K	O	S	J	X	O	E	I	D	L	B	N	M	E	M	W
S	G	N	E	O	R	T	I	C	W	M	A	A	R	M	V
V	O	K	I	E	B	D	R	A	A	T	K	Y	S	O	Q
V	Z	E	U	J	K	N	O	F	L	O	O	K	T	A	Z
M	X	K	P	P	N	U	U	G	N	M	N	P	A	W	M

KNOFLOOK
BASILICUM
TONIJN
SUIKER
KANEEL
VLEES
GERST
UI
SALADE
SPINAZIE

AARDBEI
SAP
MELK
CITROEN
MUNT
RAAP
PEER
ZOUT
SOEP
WORTEL

80 - Antigüedades

R	E	S	T	A	U	R	A	T	I	E	Z	O	E	W	J
T	N	B	A	O	N	G	E	W	O	O	N	B	L	A	G
O	U	D	E	D	R	A	A	W	R	O	O	V	E	A	S
D	R	C	N	E	T	N	U	M	D	I	J	V	G	R	A
G	E	R	I	A	L	I	B	U	E	M	R	E	A	D	Q
S	A	C	R	N	E	D	A	R	E	I	S	I	N	E	Z
B	P	L	O	V	C	P	H	X	X	C	T	L	T	V	E
T	F	S	E	R	T	V	A	O	Z	Z	I	I	S	S	E
L	S	E	D	R	A	V	X	K	U	O	J	N	N	U	U
P	R	I	J	S	I	T	Y	A	Q	W	L	G	U	V	W
Y	T	E	X	S	D	J	I	U	W	B	W	C	K	N	N
B	G	N	I	R	E	T	S	E	V	N	I	E	S	D	B
K	W	A	L	I	T	E	I	T	F	Q	J	I	R	H	N
A	U	T	H	E	N	T	I	E	K	Y	F	L	Y	K	I
K	F	O	E	A	C	V	X	X	H	Z	E	B	R	I	F
V	H	F	I	W	R	W	E	W	T	Z	H	W	Q	M	G

KUNST
AUTHENTIEK
KWALITEIT
VOORWAARDE
DECORATIEF
ELEGANT
BEELDHOUWWERK
STIJL
GALERIJ
ONGEWOON
INVESTERING
SIERADEN
MUNTEN
MEUBILAIR
PRIJS
RESTAURATIE
EEUW
VEILING
WAARDE
OUD

81 - Literatura

Y	D	J	Z	Y	Q	Y	G	T	G	E	V	V	Y	L	V
F	M	Y	M	T	F	H	E	M	T	I	R	E	T	P	E
W	Q	Y	F	S	W	A	D	T	I	D	A	R	D	O	R
E	I	F	A	R	G	O	I	B	E	E	N	T	I	Ë	G
G	Y	T	M	E	N	K	C	F	B	G	E	E	A	T	E
N	X	K	E	B	I	E	H	I	S	A	K	L	L	I	L
I	T	O	H	P	V	F	T	U	V	R	D	L	O	S	I
J	F	H	T	U	J	S	I	M	X	T	O	E	O	C	J
L	Q	P	V	X	I	F	X	C	E	R	T	R	G	H	K
A	U	T	E	U	R	S	Q	D	T	T	E	L	A	T	I
F	U	Z	K	L	H	D	Z	P	U	I	A	B	C	O	N
S	T	I	J	L	C	R	O	M	A	N	E	F	R	X	G
B	J	B	N	L	S	P	V	J	H	T	J	M	O	G	M
W	A	I	S	C	M	P	E	I	S	U	L	C	N	O	C
L	R	C	X	E	O	C	A	R	T	P	K	Z	I	M	R
A	N	A	L	O	G	I	E	S	Y	L	A	N	A	H	Q

ANALOGIE
ANALYSE
ANEKDOTE
AUTEUR
BIOGRAFIE
VERGELIJKING
CONCLUSIE
OMSCHRIJVING
DIALOOG
STIJL
FICTIE
METAFOOR
VERTELLER
ROMAN
GEDICHT
POËTISCH
RIJM
RITME
THEMA
TRAGEDIE

82 - Química

K	D	K	X	V	H	V	Q	S	W	P	E	D	V	R	K
Y	R	E	N	W	A	D	L	F	K	G	N	G	O	T	G
E	L	E	K	T	R	O	N	O	I	A	Z	L	L	W	K
Z	G	U	K	U	A	P	L	T	E	S	Y	V	P	A	A
A	U	E	D	O	S	X	X	S	I	I	M	M	K	R	T
L	S	U	W	Z	Q	X	X	R	T	B	S	V	H	M	A
Z	L	Y	R	I	U	H	C	E	C	Q	N	T	Y	T	L
Z	U	U	R	S	C	G	Z	T	A	S	U	Z	O	E	Y
P	U	Z	D	M	T	H	E	A	E	M	C	S	V	F	S
Y	C	Y	Z	O	H	O	T	W	R	E	L	F	U	O	A
K	E	G	C	U	V	O	F	V	H	T	E	E	N	T	T
I	L	H	C	S	I	L	A	K	L	A	A	G	I	S	O
I	O	P	T	Y	U	R	C	X	N	L	I	I	M	L	R
W	M	R	W	C	H	L	O	O	R	E	R	D	K	O	L
E	N	Y	W	J	N	Z	Z	U	Z	N	U	Z	L	O	T
T	E	M	P	E	R	A	T	U	U	R	I	G	B	K	C

ALKALISCH
ZUUR
WARMTE
KOOLSTOF
KATALYSATOR
CHLOOR
ELEKTRON
ENZYM
GAS
WATERSTOF
ION
VLOEISTOF
METALEN
MOLECUUL
NUCLEAIR
ZUURSTOF
GEWICHT
REACTIE
ZOUT
TEMPERATUUR

83 - Gobierno

G	E	R	E	C	H	T	I	G	H	E	I	D	O	D	R
U	W	I	J	K	Y	T	Z	G	I	K	H	A	B	R	Q
S	Y	M	B	O	O	L	M	F	R	J	D	K	U	G	Y
T	O	E	S	P	R	A	A	K	T	I	B	H	Z	K	V
D	I	S	C	U	S	S	I	E	F	L	E	I	V	I	C
T	C	D	I	E	H	J	I	R	V	E	L	G	I	N	S
D	T	N	E	M	U	N	O	M	Q	T	A	E	U	P	C
B	E	Q	D	M	S	T	A	A	T	H	A	L	C	V	M
N	W	Z	E	Q	O	T	N	D	G	C	N	I	N	Y	J
N	D	X	K	N	C	C	F	U	J	E	O	J	A	B	Y
A	N	J	B	E	P	I	R	C	H	R	I	K	F	W	C
P	O	L	I	T	I	E	K	A	W	E	T	H	Z	X	V
C	R	Q	C	H	E	W	U	D	T	G	A	E	D	Q	O
W	G	S	J	C	N	A	T	I	E	I	N	I	T	Q	G
M	W	A	U	E	R	R	T	W	L	R	E	D	I	E	L
Q	R	C	J	R	B	U	R	G	E	R	S	C	H	A	P

BURGERSCHAP
CIVIEL
GRONDWET
DEMOCRATIE
RECHTEN
TOESPRAAK
DISCUSSIE
WIJK
STAAT
GELIJKHEID
GERECHTELIJK
GERECHTIGHEID
WET
VRIJHEID
LEIDER
MONUMENT
NATIONAAL
NATIE
POLITIEK
SYMBOOL

84 - Creatividad

I	J	K	X	T	I	E	T	I	S	N	E	T	N	I	V
Y	D	L	V	S	K	Y	Y	O	O	N	P	M	Y	N	E
R	N	E	V	Z	U	B	F	A	O	S	S	C	A	S	R
A	D	I	E	H	R	A	A	B	I	E	O	L	V	P	B
R	H	Y	E	Ë	D	K	W	O	I	R	J	E	U	I	E
T	F	E	U	Y	N	E	N	E	O	I	S	I	V	R	E
I	E	H	C	S	I	T	A	M	A	R	D	T	E	A	L
S	I	E	X	I	G	R	A	V	L	U	A	Ï	M	T	D
T	T	B	K	P	L	M	T	E	C	K	W	U	O	I	I
I	N	E	W	G	R	E	N	R	C	S	I	T	T	E	N
E	E	E	T	A	U	B	O	X	W	H	V	N	I	Y	G
K	V	L	T	O	E	H	P	V	X	E	T	I	E	Z	Y
C	N	D	E	N	B	P	S	B	E	L	Y	H	S	X	O
U	I	T	D	R	U	K	K	I	N	G	N	N	E	G	E
V	A	A	R	D	I	G	H	E	I	D	R	Z	I	I	W
I	H	E	L	D	E	R	H	E	I	D	Y	B	V	B	D

ARTISTIEK
ECHTHEID
HELDERHEID
DRAMATISCH
EMOTIES
SPONTAAN
UITDRUKKING
VLOEIBAARHEID
VAARDIGHEID
IDEEËN

BEELD
VERBEELDING
INDRUK
INSPIRATIE
INTENSITEIT
INTUÏTIE
INVENTIEF
GEVOEL
VISIOENEN

85 - Clima

A	S	A	U	T	J	K	D	J	D	U	P	S	G	B	F
G	T	R	N	P	G	B	R	Q	O	N	A	A	K	R	O
X	O	Y	D	F	T	F	O	N	N	G	P	T	S	I	M
T	R	A	H	R	E	O	O	S	D	W	I	N	D	E	E
W	M	G	Z	X	M	R	G	E	E	O	N	D	P	S	S
F	F	N	S	J	P	P	T	T	R	R	W	Z	Q	O	K
K	V	I	T	K	E	O	E	O	E	S	H	E	Z	U	I
L	L	M	V	D	R	L	Y	R	E	H	E	M	E	L	L
I	U	O	U	R	A	A	Z	N	F	C	E	X	K	F	B
M	H	R	W	O	T	I	M	A	S	S	B	I	J	S	X
A	R	T	J	O	U	R	O	D	O	I	G	B	G	U	Q
A	M	S	L	G	U	K	E	O	M	P	S	E	A	J	V
T	G	R	M	E	R	R	S	W	T	O	H	D	H	H	F
L	Q	E	L	G	S	D	S	K	A	R	B	C	P	N	H
F	X	V	J	K	G	C	O	X	P	T	H	O	C	A	R
X	G	O	I	U	H	F	N	P	I	G	Q	U	R	O	T

ATMOSFEER
BRIES
HEMEL
KLIMAAT
IJS
ORKAAN
OVERSTROMING
MOESSON
MIST
WOLK
POLAIR
BLIKSEM
DROOG
DROOGTE
TEMPERATUUR
STORM
TORNADO
TROPISCH
DONDER
WIND

86 - Comida #2

R	S	Y	F	B	F	D	R	M	M	Q	U	D	M	Q	G
I	W	V	A	G	Q	I	K	T	X	X	I	V	W	N	W
J	Z	V	Z	J	R	M	E	D	A	L	O	C	O	H	C
S	D	A	K	I	W	I	R	B	I	N	Z	I	P	D	B
T	O	R	A	I	P	X	S	M	D	C	O	P	K	H	I
L	O	H	U	P	Q	Y	M	O	J	N	N	S	X	S	B
F	R	E	N	I	G	R	E	B	U	A	N	E	A	E	I
Z	B	U	X	K	F	U	G	M	C	A	E	L	Y	A	L
A	H	L	G	O	Y	J	J	K	A	N	B	D	O	B	K
Y	R	O	S	X	R	O	U	F	P	A	L	E	G	A	S
F	W	T	R	R	Q	A	E	M	P	B	O	R	H	G	A
G	X	A	I	T	A	R	W	E	E	W	E	I	U	K	L
A	H	A	C	S	J	T	I	H	L	N	M	J	R	R	C
Z	Z	M	Z	H	J	G	E	M	B	E	R	C	T	K	Y
S	W	O	K	Z	I	O	K	G	O	O	H	E	K	F	X
Y	M	T	P	R	V	L	K	A	M	A	N	D	E	L	A

ARTISJOK
AMANDEL
SELDERIJ
RIJST
AUBERGINE
KERS
CHOCOLADE
ZONNEBLOEM
EI
GEMBER
KIWI
APPEL
BROOD
BANAAN
KIP
KAAS
TOMAAT
TARWE
DRUIF
YOGHURT

87 - Arte

E	I	U	J	H	S	H	C	V	I	S	U	E	E	L	G
O	E	L	I	H	P	U	R	U	U	G	I	F	K	B	E
N	P	R	V	C	Q	M	E	O	A	J	L	F	W	D	Ï
D	E	N	L	S	Y	E	Ë	F	S	D	P	G	N	B	N
E	R	Z	O	I	E	U	R	P	O	Ë	Z	I	E	E	S
R	S	E	O	M	J	R	E	K	Z	X	Y	D	J	E	P
W	O	S	B	A	C	K	N	I	H	Y	P	U	I	L	I
E	O	P	M	R	W	O	D	Z	Y	W	Y	O	R	D	R
R	N	B	Y	E	S	N	M	L	F	U	K	V	E	H	E
P	L	H	S	K	M	O	M	P	P	I	M	N	D	O	E
I	I	U	N	Y	T	N	D	M	L	N	S	E	L	U	R
S	J	Y	P	D	A	Q	S	A	C	E	O	E	I	W	D
C	K	O	R	I	G	I	N	E	E	L	X	J	H	W	B
P	O	R	T	R	E	T	T	E	R	E	N	G	C	E	R
S	A	M	E	N	S	T	E	L	L	I	N	G	S	R	S
S	U	R	R	E	A	L	I	S	M	E	L	B	L	K	Y

KERAMISCH
COMPLEX
SAMENSTELLING
CREËREN
BEELDHOUWWERK
FIGUUR
EERLIJK
HUMEUR
GEÏNSPIREERD
ORIGINEEL
PERSOONLIJK
SCHILDERIJEN
POËZIE
PORTRETTEREN
EENVOUDIG
SYMBOOL
SURREALISME
ONDERWERP
VISUEEL

88 - Diplomacia

O	P	L	O	S	S	I	N	G	R	Y	O	T	K	J	G
B	V	H	F	R	D	Q	E	K	E	I	H	T	E	I	E
U	E	U	G	U	F	Y	L	M	G	F	Q	C	I	W	M
I	I	M	A	E	E	C	A	E	E	I	H	I	T	R	E
T	L	A	M	S	R	G	T	Z	R	Y	K	L	I	D	E
E	I	N	B	I	A	E	Y	T	I	P	B	F	L	I	N
N	G	I	A	V	P	M	C	G	N	Q	M	N	O	S	S
L	H	T	S	D	C	D	E	H	G	J	N	O	P	C	C
A	E	A	S	A	Z	W	I	N	T	Q	X	C	I	U	H
N	I	I	A	M	P	P	T	O	W	I	C	K	F	S	A
D	D	R	D	A	F	E	U	G	X	E	G	R	I	S	P
S	A	J	E	Z	Y	U	L	E	D	J	R	H	K	I	X
A	K	E	I	T	A	M	O	L	P	I	D	K	E	E	W
H	Q	R	U	E	D	A	S	S	A	B	M	A	I	I	F
E	H	G	A	R	D	R	E	V	I	D	E	P	S	N	D
G	G	T	I	E	T	I	R	G	E	T	N	I	Z	Z	G

ADVISEUR
GEMEENSCHAP
CONFLICT
SAMENWERKING
DIPLOMATIEK
DISCUSSIE
AMBASSADE
AMBASSADEUR
BUITENLANDS
ETHIEK
REGERING
HUMANITAIR
TALEN
INTEGRITEIT
GERECHTIGHEID
POLITIEK
RESOLUTIE
VEILIGHEID
OPLOSSING
VERDRAG

89 - Herboristería

Q	Q	I	J	W	F	Q	E	V	B	X	Q	B	P	L	Y
D	R	A	G	O	N	E	O	R	G	G	K	A	A	M	S
B	R	G	S	F	N	Z	W	O	J	G	V	S	M	E	I
L	E	I	L	E	S	R	E	T	E	P	E	I	A	O	N
L	E	U	K	L	Z	A	N	E	N	R	N	L	R	L	G
A	A	T	Q	L	T	F	F	E	J	N	K	I	J	B	R
E	R	V	C	I	D	I	Z	F	I	N	E	C	O	U	E
U	Q	O	E	D	L	S	N	L	R	S	L	U	L	S	D
I	N	I	M	N	T	U	I	N	A	A	Q	M	E	E	I
P	Q	B	E	A	D	T	G	I	M	K	A	F	I	G	Ë
P	S	N	I	G	T	E	P	P	E	G	J	N	N	R	N
Y	Y	K	T	O	H	I	L	W	Z	L	J	X	S	X	T
Z	Q	T	E	G	P	C	S	K	O	M	U	N	T	M	N
C	U	L	I	N	A	I	R	C	R	B	Y	R	M	A	A
K	N	O	F	L	O	O	K	Q	H	H	X	E	F	F	L
K	W	A	L	I	T	E	I	T	P	G	P	N	W	R	P

KNOFLOOK
BASILICUM
AROMATISCH
SAFFRAAN
KWALITEIT
CULINAIR
DILLE
DRAGON
BLOEM
VENKEL
INGREDIËNT
TUIN
LAVENDEL
MARJOLEIN
MUNT
PETERSELIE
PLANT
ROZEMARIJN
SMAAK
GROEN

90 - Energía

Q	U	H	N	A	X	A	M	Q	M	Y	Q	E	V	A	T
B	R	A	N	D	S	T	O	F	O	P	M	N	G	R	J
E	L	E	K	T	R	O	N	P	T	F	V	T	J	Y	K
Q	E	U	V	D	T	E	D	T	O	F	G	R	A	B	X
R	Z	N	D	N	U	C	C	A	R	U	N	O	G	Q	B
K	L	L	E	I	R	T	S	U	D	N	I	P	Z	O	N
I	O	D	L	W	B	I	K	P	I	O	L	I	W	Y	S
Z	F	O	X	G	I	V	A	W	E	T	I	E	A	M	I
J	R	Z	L	P	N	Q	L	R	S	O	U	N	T	X	U
X	K	G	K	S	E	E	P	K	E	F	V	I	E	L	F
S	T	O	O	M	T	T	O	T	L	A	R	Z	R	Q	E
V	K	I	L	A	W	O	M	O	R	J	E	N	S	B	H
E	T	W	M	V	Y	K	F	R	E	D	V	E	T	R	O
Q	L	L	G	P	S	E	C	E	A	T	J	B	O	V	U
E	L	E	K	T	R	I	S	C	H	W	C	F	F	A	P
N	U	C	L	E	A	I	R	V	C	G	B	V	J	A	E

ACCU
WARMTE
KOOLSTOF
BRANDSTOF
VERVUILING
DIESEL
ELEKTRON
ELEKTRISCH
ENTROPIE
FOTON
BENZINE
WATERSTOF
INDUSTRIE
MOTOR
NUCLEAIR
ZON
TURBINE
STOOM
WIND

91 - Especias

S	H	S	A	P	S	P	D	G	K	V	G	S	F	E	L
B	N	I	J	U	U	O	N	J	G	C	B	A	Q	S	S
F	F	N	X	D	D	O	C	L	I	C	Y	F	D	V	J
R	W	C	O	U	V	R	G	C	V	L	H	F	K	U	Y
C	J	B	K	T	P	E	O	E	Q	A	N	R	O	R	E
Y	U	A	K	I	R	P	A	P	M	X	N	A	M	W	A
U	F	E	H	L	B	E	F	A	W	B	L	A	I	U	K
N	D	O	V	Y	E	P	L	L	M	E	E	N	J	Z	X
S	K	R	U	I	D	N	A	G	E	L	E	R	N	D	I
S	M	A	A	K	T	R	A	S	I	E	N	U	Q	W	W
J	P	V	Y	L	U	D	N	B	R	K	A	U	G	K	R
I	T	G	D	K	O	O	L	F	O	N	K	Z	W	E	M
N	O	T	P	I	Z	D	I	J	K	E	I	R	R	E	K
A	O	R	K	N	M	O	Z	W	D	V	L	E	H	K	M
V	A	N	I	L	L	E	E	B	I	T	T	E	R	U	E
E	T	A	A	K	S	U	M	T	O	O	N	Y	L	L	S

ZUUR
KNOFLOOK
BITTER
ANIJS
SAFFRAAN
KANEEL
UI
KRUIDNAGEL
KOMIJN
KERRIE

ZOET
VENKEL
GEMBER
NOOTMUSKAAT
PAPRIKA
PEPER
DROP
SMAAK
ZOUT
VANILLE

92 - Universo

H	A	L	F	R	O	N	D	H	M	P	F	B	A	E	A
S	P	Y	N	Y	U	T	O	C	E	A	T	B	S	V	S
A	Y	G	F	B	N	P	J	S	G	W	A	F	T	E	T
H	S	I	N	R	E	T	S	I	U	D	I	N	R	N	E
F	M	T	G	C	L	H	J	M	W	N	U	I	O	A	R
V	U	H	R	T	E	L	E	S	C	O	O	P	N	A	O
G	E	Y	A	O	T	W	C	O	H	Z	E	R	O	R	Ï
I	Q	S	A	I	N	K	C	K	G	I	J	J	O	Y	D
G	B	H	B	A	A	O	Q	B	D	R	G	F	M	Z	E
K	A	E	T	M	K	Y	M	D	Q	O	K	V	T	E	E
N	A	M	H	C	S	M	G	I	I	H	Q	Z	W	B	F
Z	N	E	C	B	V	X	R	E	E	F	S	O	M	T	A
Y	O	L	I	L	E	N	G	T	E	G	R	A	A	D	K
G	U	N	Z	B	R	E	E	D	T	E	G	R	A	A	D
D	V	U	N	D	I	E	R	E	N	R	I	E	M	M	Y
E	E	Y	H	E	D	N	E	W	E	N	N	O	Z	L	A

ASTEROÏDE
ASTRONOMIE
ASTRONOOM
ATMOSFEER
HEMEL
KOSMISCH
EVENAAR
HALFROND
HORIZON
KANTELEN
BREEDTEGRAAD
LENGTEGRAAD
MAAN
DUISTERNIS
BAAN
ZONNE
ZONNEWENDE
TELESCOOP
ZICHTBAAR
DIERENRIEM

93 - Jazz

S	S	C	I	V	O	N	E	T	E	I	R	O	V	A	F
A	E	O	R	K	F	W	I	K	A	E	E	L	I	E	D
M	D	M	E	O	R	E	B	E	S	V	V	K	L	I	M
E	J	P	M	M	K	K	G	K	U	U	F	L	N	T	P
N	M	O	T	X	U	A	M	N	T	W	V	N	E	A	O
S	K	N	I	D	K	Z	L	Y	G	O	L	G	L	S	Q
T	Z	I	R	O	U	D	I	B	R	N	G	N	E	I	G
E	V	S	M	U	R	D	P	E	U	D	E	Y	X	V	N
L	U	T	F	H	B	M	U	F	K	M	N	T	S	O	R
L	J	N	Q	G	R	W	T	S	E	K	R	O	T	R	S
I	P	E	O	X	L	I	V	L	I	U	E	S	I	P	X
N	Z	L	D	T	J	X	Z	Z	N	R	P	U	J	M	Z
G	F	A	N	N	I	R	Y	W	H	D	S	L	L	I	C
N	F	T	A	B	C	F	L	G	C	A	K	F	E	C	M
C	O	N	C	E	R	T	S	G	E	N	J	L	C	I	D
A	R	T	I	E	S	T	Y	O	T	Z	D	X	I	X	D

ARTIEST
ALBUM
LIED
SAMENSTELLING
COMPONIST
CONCERT
STIJL
NADRUK
BEROEMD
FAVORIETEN
GENRE
IMPROVISATIE
MUZIEK
NIEUW
ORKEST
RITME
TALENT
DRUMS
TECHNIEK
OUD

94 - Mediciones

Z	B	M	L	M	J	K	V	T	B	M	O	W	C	G	Z
D	R	I	R	Z	C	O	P	W	R	E	K	E	Q	E	V
L	H	N	R	D	R	X	V	W	E	T	Y	X	S	W	O
W	U	U	F	T	G	W	Y	U	E	E	L	V	T	I	L
C	D	U	L	E	N	G	T	E	D	R	Q	A	S	C	U
B	C	T	K	I	P	F	L	H	T	B	Y	T	E	H	M
A	J	R	K	I	G	R	A	M	E	N	W	N	F	T	E
I	H	E	A	I	L	I	Y	Q	G	O	A	O	Q	T	S
L	I	T	E	R	L	O	Z	D	I	E	P	T	E	S	G
A	F	E	D	B	F	O	M	D	P	N	U	U	J	L	W
A	I	M	E	F	G	M	G	E	V	A	C	S	V	I	X
M	I	I	S	N	P	R	D	R	T	H	Q	G	A	H	K
I	C	T	O	H	R	S	A	E	A	E	O	N	S	H	W
C	W	N	P	R	M	E	H	A	H	M	R	E	S	U	Y
E	S	E	H	O	O	G	T	E	D	J	A	B	A	O	S
D	H	C	N	I	P	M	I	Q	Z	K	W	E	M	I	D

HOOGTE
BREEDTE
BYTE
CENTIMETER
DECIMAAL
GRAAD
GRAM
KILOGRAM
KILOMETER
LITER
LENGTE
MASSA
METER
MINUUT
ONS
GEWICHT
DIEPTE
INCH
TON
VOLUME

95 - Barcos

P	W	U	O	M	B	R	V	G	V	W	P	U	W	Z	K
E	S	C	M	A	M	X	F	R	E	I	V	I	R	L	J
T	S	N	B	R	E	E	M	H	E	T	O	E	U	A	D
O	O	U	J	I	T	E	O	C	R	O	T	O	M	Y	T
O	O	U	R	T	J	U	C	S	B	N	D	B	Z	R	W
B	R	Q	W	I	O	J	K	I	O	A	E	W	N	E	H
L	T	W	L	E	I	C	U	T	O	K	A	J	A	K	E
I	A	L	Q	M	W	O	E	U	T	X	M	K	R	N	U
E	M	H	G	K	L	D	T	A	X	V	Z	W	P	A	K
Z	J	V	F	G	N	I	N	N	A	M	E	B	Z	D	E
O	O	V	X	N	R	Q	G	O	V	N	B	V	L	O	T
N	H	H	O	M	A	S	T	J	M	N	S	L	U	O	B
P	Z	Z	F	B	F	F	Y	F	N	T	S	O	S	D	V
Z	L	X	N	J	W	B	M	F	S	Q	Y	N	M	Y	H
A	K	Z	T	S	S	D	W	Z	M	L	A	R	X	Q	K
J	A	C	H	T	J	K	O	Q	J	K	L	S	N	S	Q

ANKER
VLOT
BOEI
KANO
TOUW
VEERBOOT
KAJAK
MEER
ZEE
TIJ
MATROOS
MARITIEM
MAST
MOTOR
NAUTISCH
OCEAAN
RIVIER
BEMANNING
ZEILBOOT
JACHT

96 - Antártida

W	R	M	B	S	C	H	I	E	R	E	I	L	A	N	D
A	Y	M	A	P	R	E	K	E	O	Z	R	E	D	N	O
T	D	C	A	H	P	P	R	T	C	U	D	X	I	F	Y
E	J	U	I	L	N	M	S	S	M	I	F	P	I	K	E
R	K	B	H	R	H	I	M	O	F	J	H	E	K	T	I
R	O	T	S	A	C	H	T	I	G	S	L	D	W	E	L
G	M	I	N	E	R	A	L	E	N	Y	D	I	O	M	A
B	L	X	E	N	D	G	D	Z	F	D	G	T	L	P	N
L	R	E	I	W	B	L	K	B	J	U	L	I	K	E	D
P	B	V	T	N	E	N	I	T	N	O	C	E	E	R	E
M	I	F	A	S	L	E	G	O	V	H	Z	Z	N	A	N
A	L	N	R	J	J	A	O	O	S	E	M	Z	E	T	V
P	V	C	G	O	P	E	K	N	O	B	F	T	G	U	A
L	B	R	I	U	O	L	R	V	W	E	L	C	S	U	H
Q	U	Z	M	I	Ï	X	C	S	T	Y	K	B	Y	R	M
U	X	I	X	Y	I	N	G	E	O	G	R	A	F	I	E

WATER
BAAI
BEHOUD
CONTINENT
INHAM
EXPEDITIE
GEOGRAFIE
GLETSJERS
IJS
ONDERZOEKER
EILANDEN
MIGRATIE
MINERALEN
WOLKEN
VOGELS
SCHIEREILAND
PINGUÏN
ROTSACHTIG
TEMPERATUUR

97 - Mamíferos

K	A	T	N	A	F	I	L	O	K	C	O	Y	O	T	E
H	R	E	I	T	S	L	R	F	A	R	I	G	K	S	W
G	B	E	V	O	S	L	O	I	N	J	I	N	O	K	A
J	E	P	A	A	R	D	B	W	G	K	H	Q	R	T	L
F	Z	Y	L	F	E	Y	T	R	O	S	A	V	S	W	V
T	J	L	L	H	E	N	F	V	E	W	S	M	J	X	I
C	C	L	I	Q	B	U	X	F	R	V	B	X	E	I	S
A	Z	Y	R	E	J	U	T	W	O	F	P	J	D	E	B
J	G	V	O	W	Q	M	W	S	E	N	G	V	J	D	L
F	E	X	G	N	B	W	A	C	I	J	Q	J	W	O	E
S	V	A	B	L	F	Q	G	H	K	S	V	E	T	L	Z
J	T	V	I	E	A	A	P	A	U	N	O	I	R	F	E
S	J	H	U	P	C	P	O	A	U	H	A	Z	G	I	S
Q	F	I	O	G	L	S	S	P	M	C	U	P	L	J	L
F	Q	G	K	N	R	C	B	J	H	O	X	H	Y	N	M
S	F	O	V	K	D	V	D	E	P	C	T	J	I	G	C

WALVIS
EZEL
PAARD
KAMEEL
KANGOEROE
ZEBRA
KONIJN
COYOTE
DOLFIJN
OLIFANT
KAT
GORILLA
GIRAF
WOLF
AAP
BEER
SCHAAP
HOND
STIER
VOS

98 - Boxeo

K	U	I	T	G	E	P	U	T	K	W	W	U	X	D	Y
O	L	D	I	E	H	G	I	D	R	A	A	V	W	A	S
V	R	J	J	D	O	V	Z	H	A	E	N	L	D	J	D
E	V	Q	K	V	G	T	N	B	C	F	V	W	J	K	U
R	K	Q	K	I	U	A	U	E	H	E	E	W	J	N	R
W	M	A	A	H	C	I	L	E	T	S	R	E	H	H	Q
O	R	E	D	N	A	T	S	N	E	G	E	T	J	F	T
N	K	S	N	E	L	E	X	T	V	E	C	H	T	E	R
D	I	E	K	N	P	X	B	C	O	L	I	S	G	A	W
I	N	B	O	H	T	L	D	X	K	L	F	G	P	X	E
N	B	V	L	H	U	O	X	B	A	P	O	S	M	M	X
G	C	F	K	T	P	C	U	C	O	G	U	A	Q	Y	F
E	H	Z	S	B	R	R	C	W	R	F	O	C	U	S	U
N	E	T	N	U	P	Q	Y	N	E	P	P	O	H	C	S
E	L	L	E	B	O	O	G	Q	U	N	U	D	M	R	V
H	A	N	D	S	C	H	O	E	N	E	N	I	V	U	H

KIN
KLOK
FOCUS
ELLEBOOG
TOUWEN
LICHAAM
HOEK
UITGEPUT
KRACHT
HANDSCHOENEN
VAARDIGHEID
VERWONDINGEN
VECHTER
TEGENSTANDER
SCHOPPEN
PUNTEN
VUIST
SNEL
HERSTEL

99 - Abejas

B	V	N	N	E	C	O	S	Y	S	T	E	E	M	H	X
W	O	E	B	J	X	I	K	O	J	W	W	O	T	B	E
U	O	M	A	T	H	N	H	B	E	S	R	M	V	J	H
M	R	E	W	Z	S	T	U	I	F	M	E	E	L	Y	W
E	D	O	D	K	O	O	R	S	I	Y	V	V	N	Z	A
S	E	L	U	I	O	Y	R	J	L	M	I	N	F	N	O
E	L	B	T	D	V	N	O	Z	X	F	U	A	Q	S	Q
O	I	A	D	S	Y	E	I	D	N	E	T	N	A	L	P
L	G	N	I	N	O	H	R	N	J	R	S	A	W	E	W
B	W	C	E	L	W	X	A	S	G	P	E	U	M	G	E
I	L	T	Z	V	J	U	Y	H	I	I	B	O	X	U	X
Y	D	V	U	I	N	S	E	C	T	T	N	X	I	E	Y
P	T	E	T	I	A	C	Z	E	E	E	E	L	W	L	C
V	F	R	O	K	N	E	J	I	B	K	D	I	F	V	Z
V	O	E	D	S	E	L	R	V	P	W	E	G	T	P	O
J	F	I	O	H	F	F	R	U	I	T	J	T	A	G	T

VLEUGELS
VOORDELIG
WAS
BIJENKORF
VOEDSEL
DIVERSITEIT
ECOSYSTEEM
ZWERM
BLOESEM
BLOEMEN

FRUIT
ROOK
INSECT
TUIN
HONING
PLANTEN
STUIFMEEL
BESTUIVER
KONINGIN
ZON

100 - Psicología

T	T	C	D	V	E	I	T	P	E	C	R	E	P	C	B
N	G	B	O	D	G	U	E	J	O	W	M	T	O	O	E
J	U	P	O	G	O	P	R	O	B	L	E	E	M	N	W
A	U	C	P	Q	N	A	V	P	T	T	P	Y	R	F	U
F	I	Y	F	M	D	I	T	K	S	H	P	L	G	L	S
S	W	D	O	Z	C	M	T	Y	U	E	N	Z	N	I	T
P	E	L	S	V	H	U	D	I	W	R	M	G	I	C	E
R	K	M	G	E	D	R	A	G	E	A	K	E	L	T	L
A	L	E	O	V	E	G	M	O	B	P	F	D	E	X	O
A	I	J	E	T	K	A	H	S	R	I	F	A	D	H	O
K	N	W	Q	B	I	B	C	S	E	E	I	C	R	A	S
E	I	K	O	I	J	E	B	O	D	P	V	H	O	L	V
M	S	A	M	F	G	H	S	U	N	X	P	T	O	N	F
S	C	D	R	O	M	E	N	W	O	N	Ë	E	E	D	I
C	H	E	R	V	A	R	I	N	G	E	N	N	B	Y	I
L	R	E	A	L	I	T	E	I	T	I	W	N	I	R	K

AFSPRAAK
KLINISCH
COGNITIE
GEDRAG
CONFLICT
EGO
EMOTIES
BEOORDELING
ERVARINGEN
IDEEËN
BEWUSTELOOS
JEUGD
GEDACHTEN
PERCEPTIE
PROBLEEM
REALITEIT
GEVOEL
ONDERBEWUST
DROMEN
THERAPIE

1 - Agua

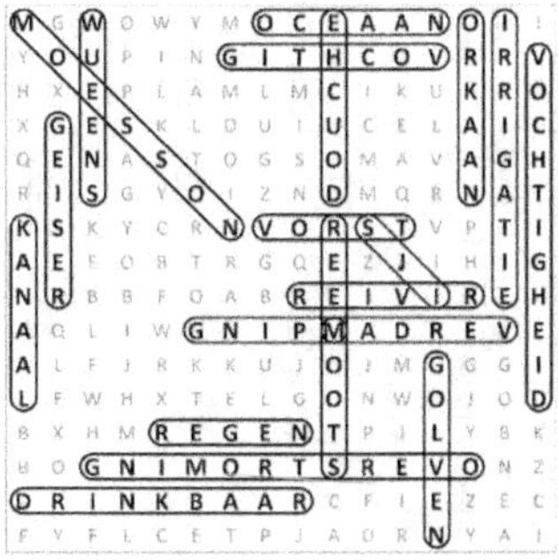

2 - Arqueología

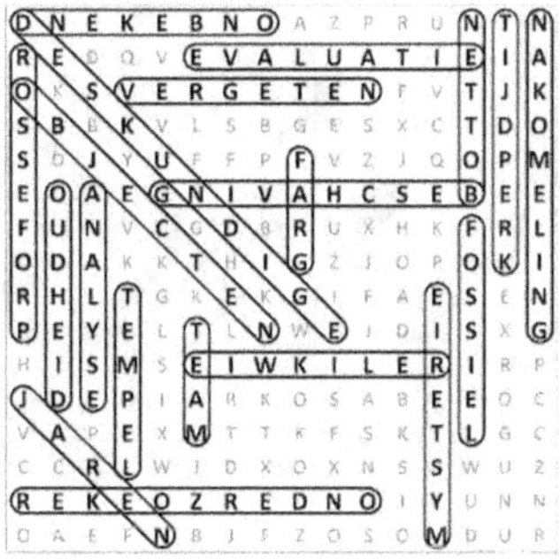

3 - Granja #2

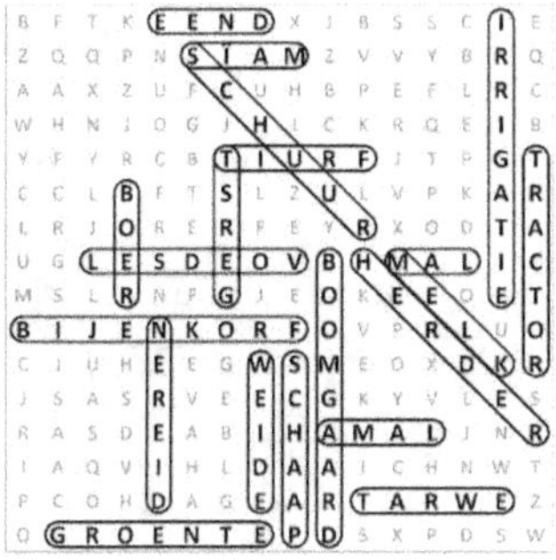

4 - La Empresa

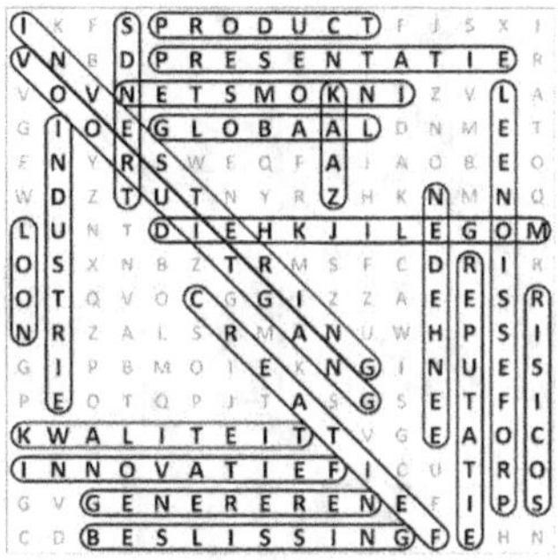

5 - Aviones

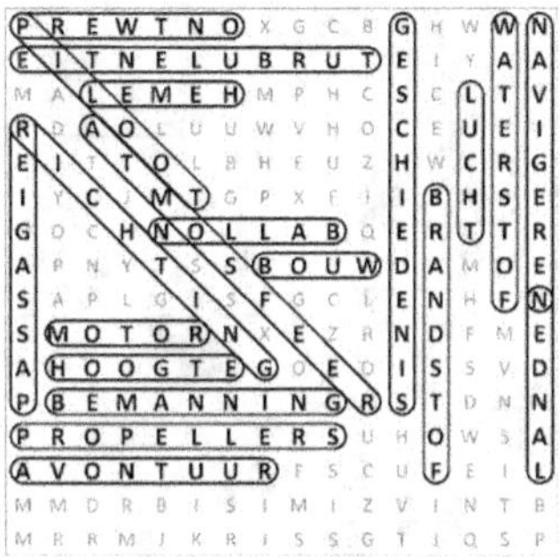

6 - Tipos de Cabello

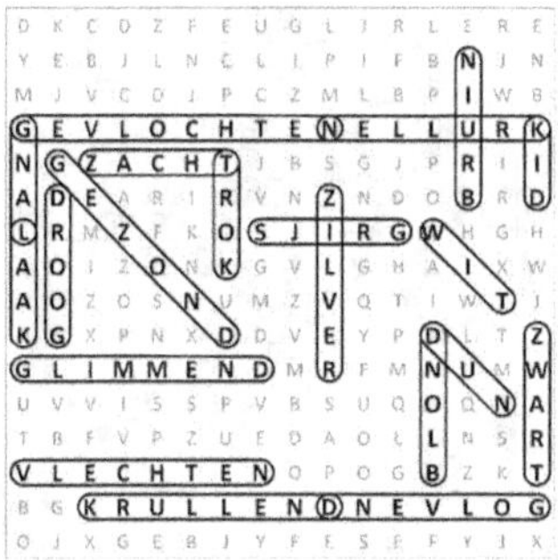

7 - Ciencia Ficción

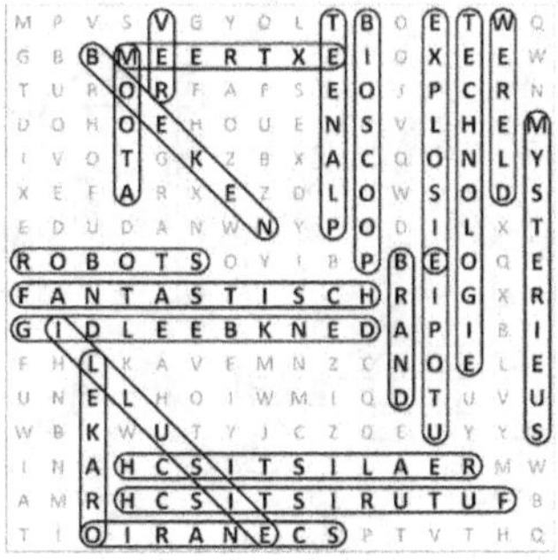

8 - Granja #1

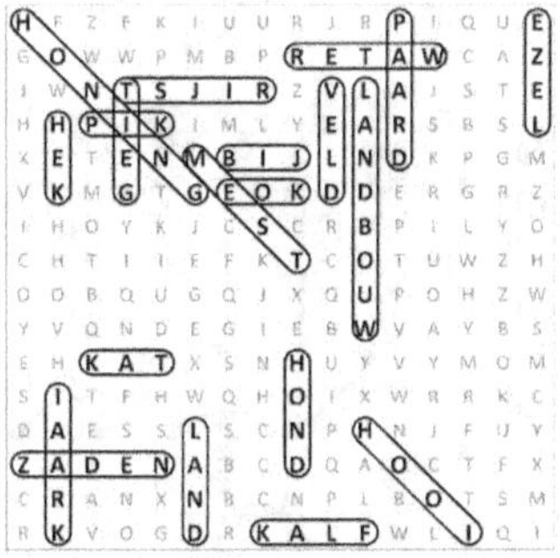

9 - Camping

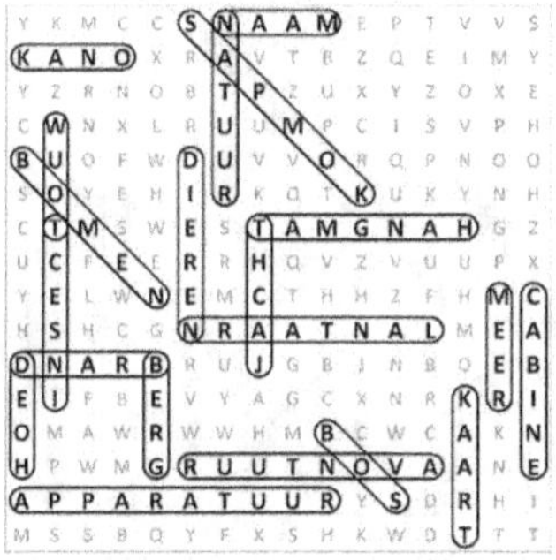

10 - Fruta

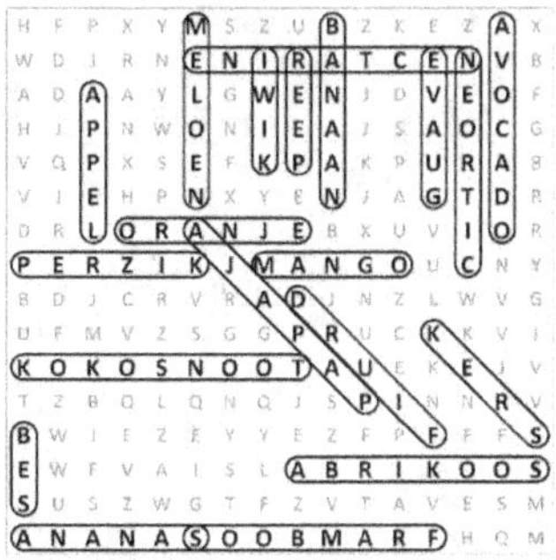

11 - Geología

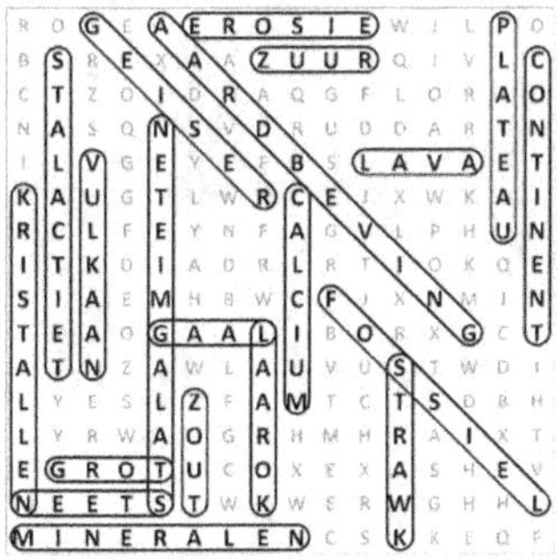

12 - Álgebra

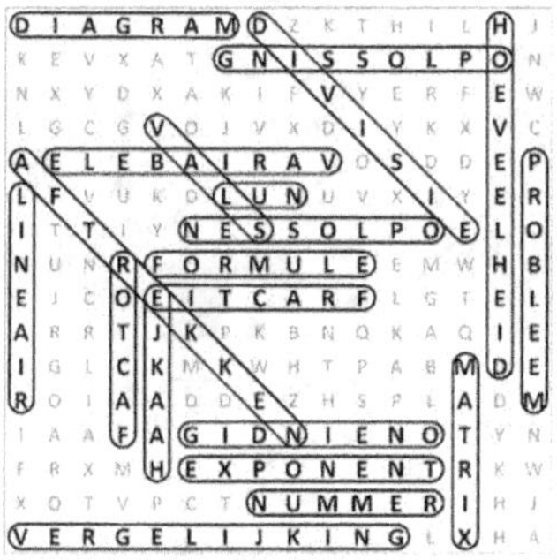

13 - Plantas

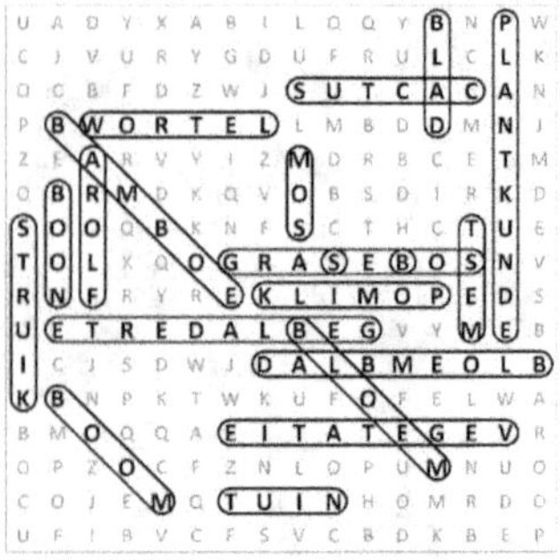

14 - Suministros de Arte

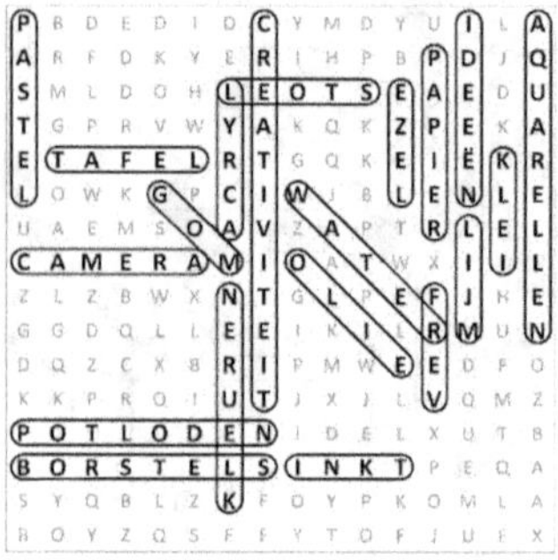

15 - Negocio

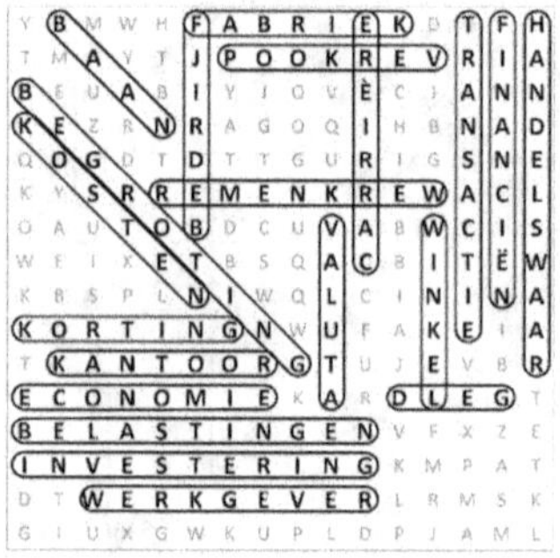

16 - Jardín

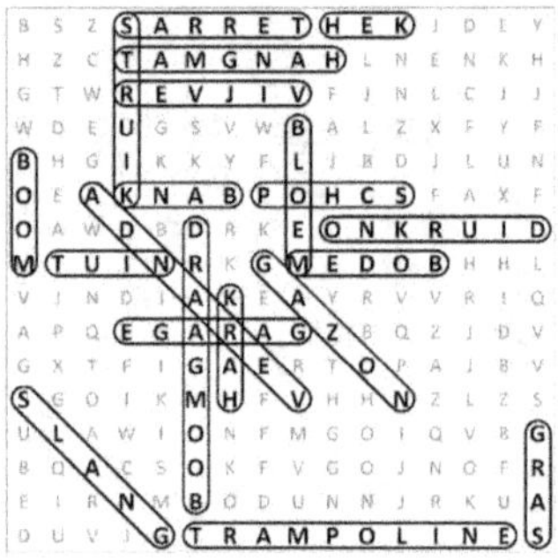

17 - Países #2

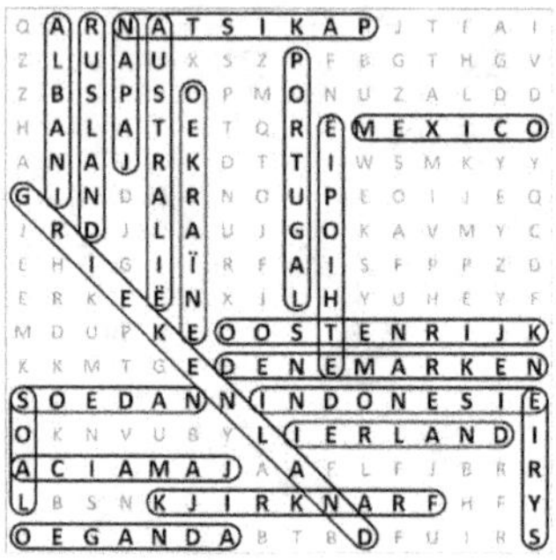

18 - Números

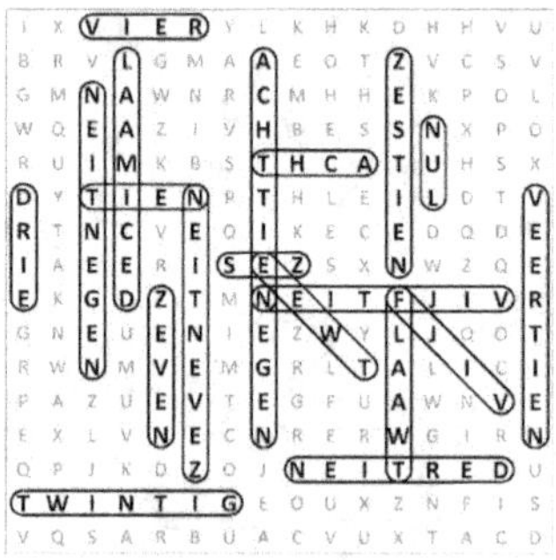

19 - Física

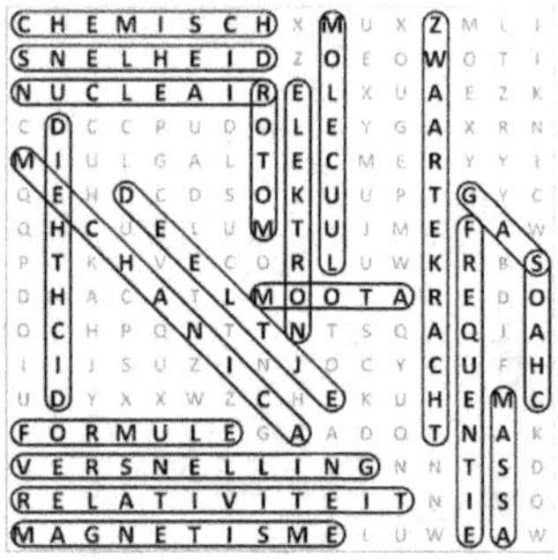

20 - Belleza

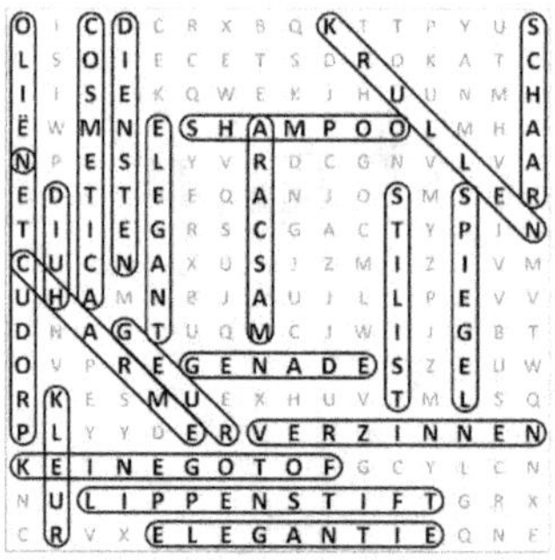

21 - Países #1

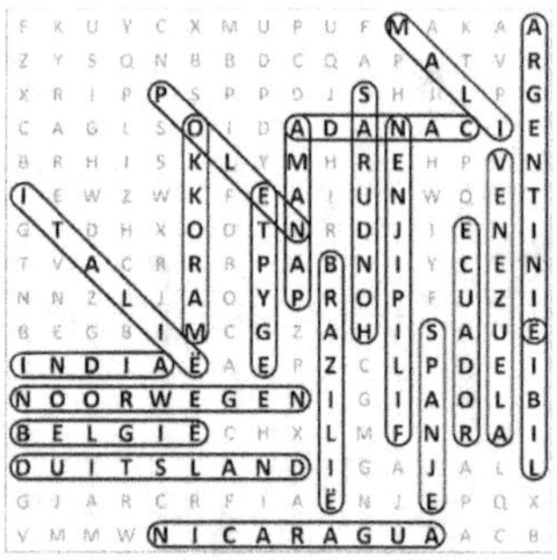

22 - Mitología

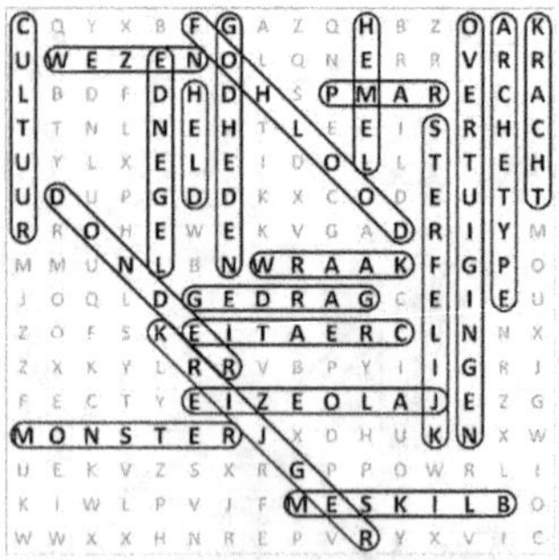

23 - Casa

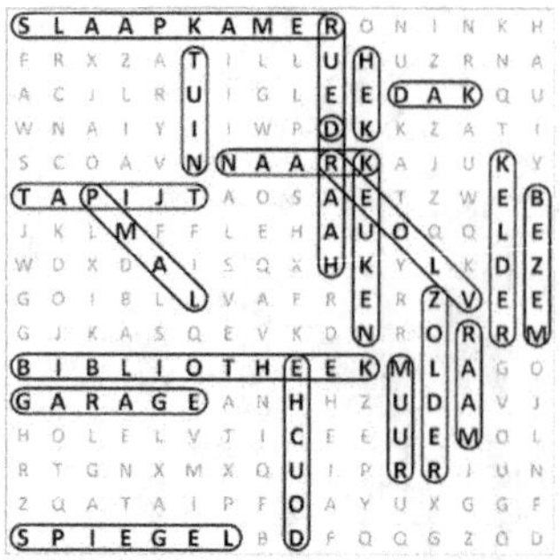

24 - Artes Visuales

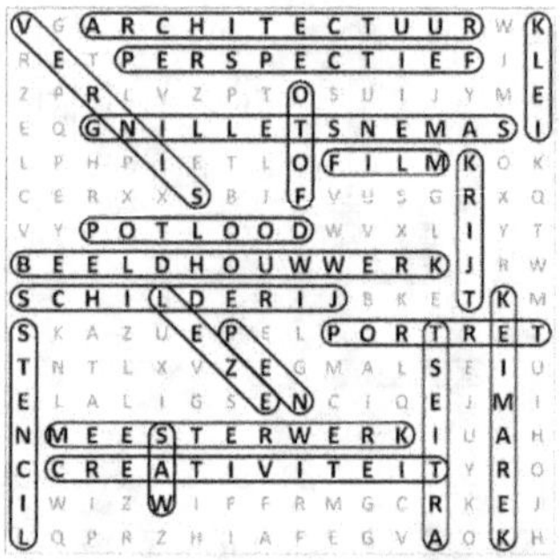

25 - Salud y Bienestar #2

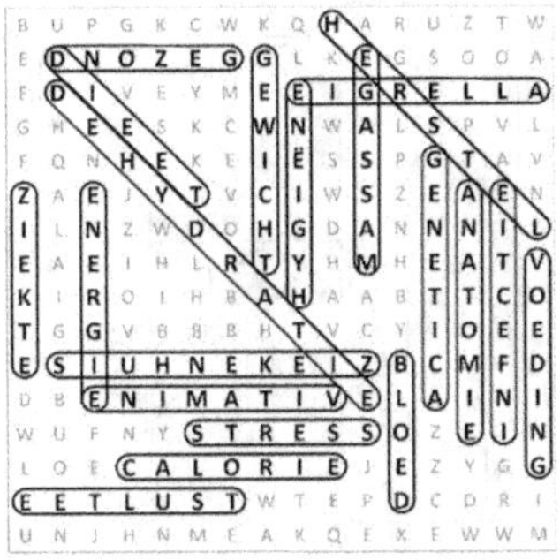

26 - Selva Tropical

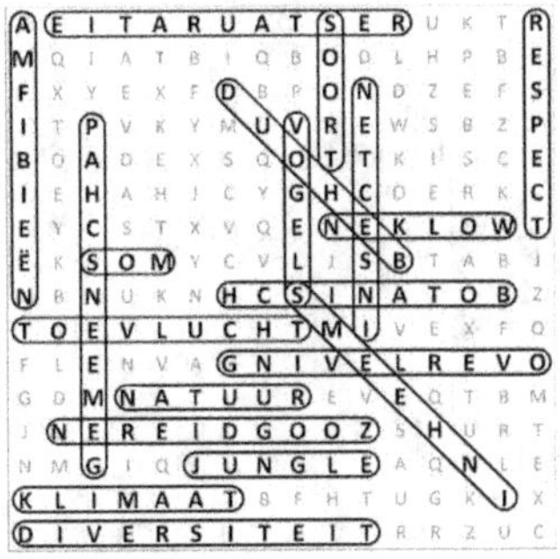

27 - Adjetivos #1

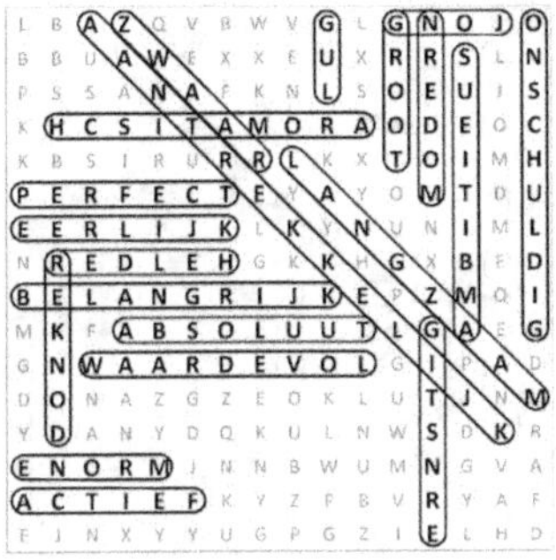

28 - Familia

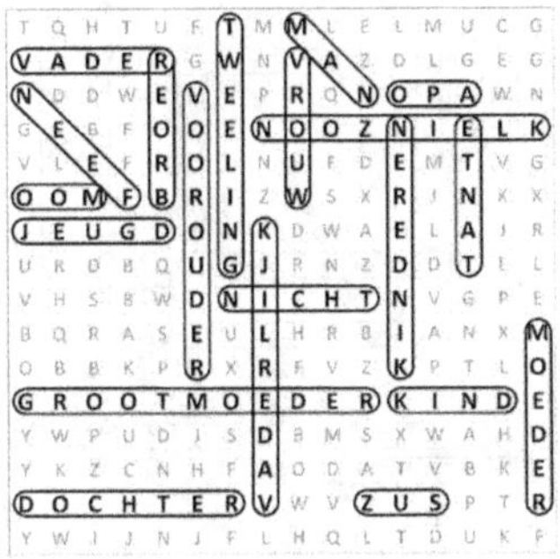

29 - Disciplinas Científicas

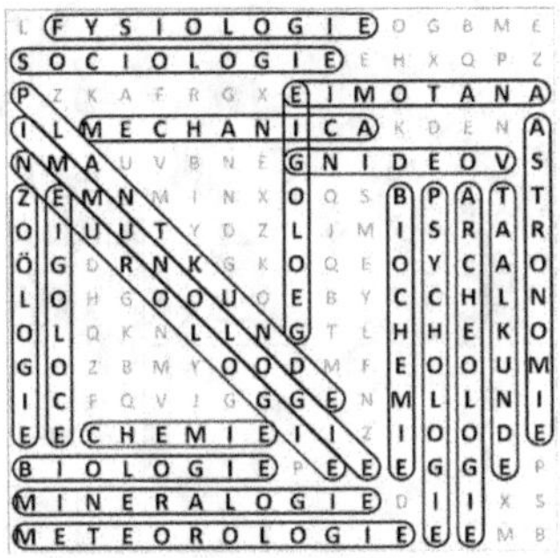

30 - Cocina

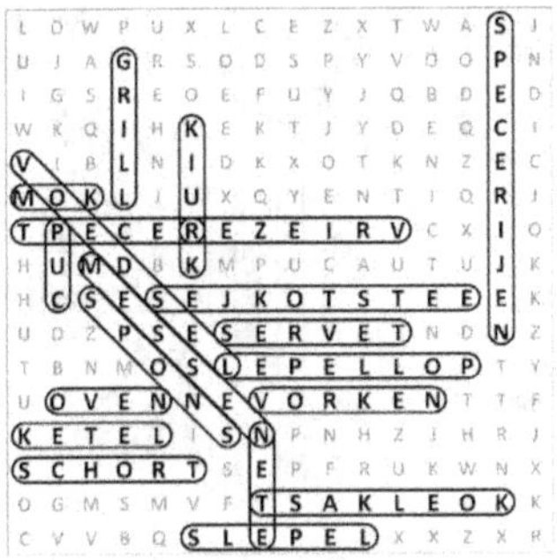

31 - Salud y Bienestar #1

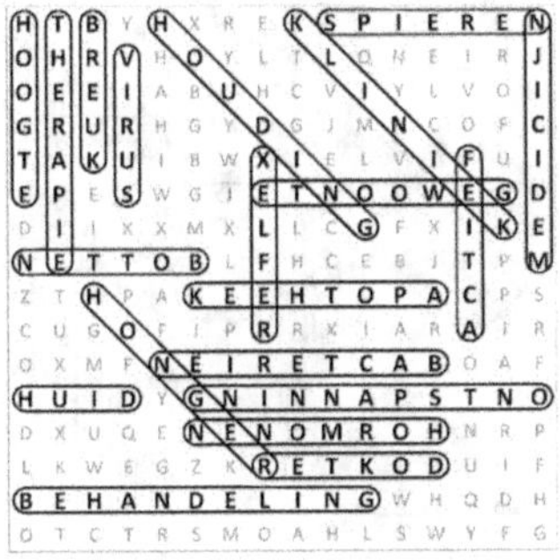

32 - Adjetivos #2

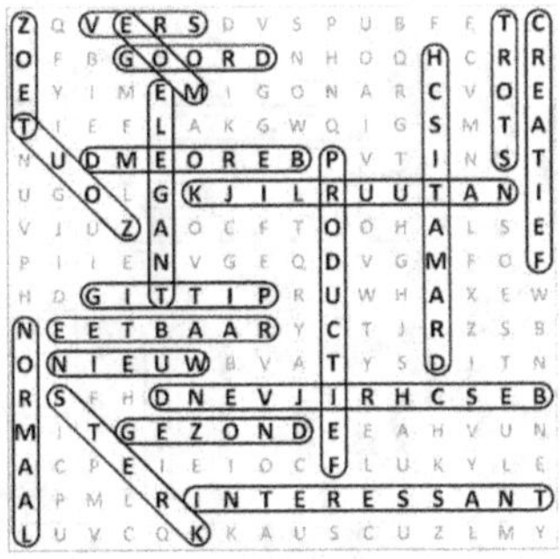

33 - Cuerpo Humano

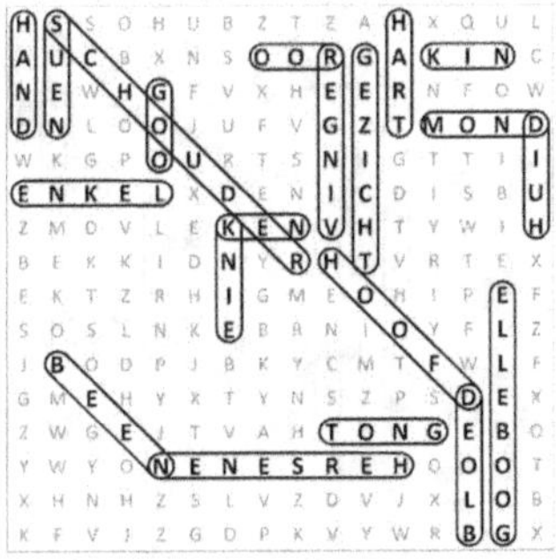

34 - Calentamiento Gl

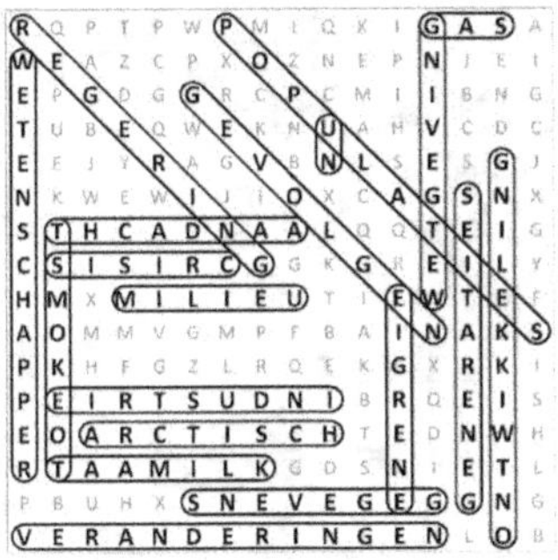

35 - Ciencia

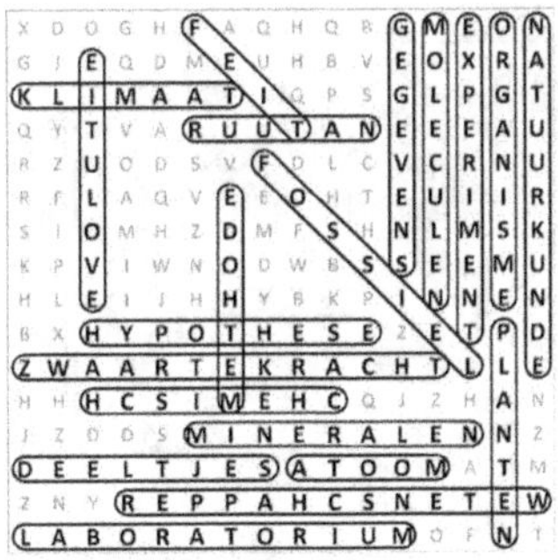

36 - Restaurante #2

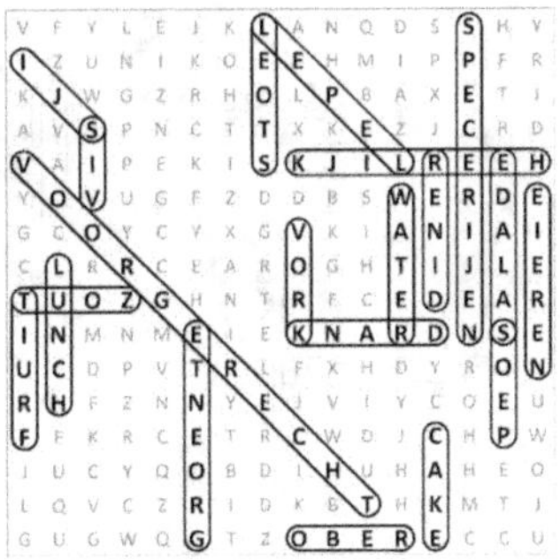

37 - Profesiones #1

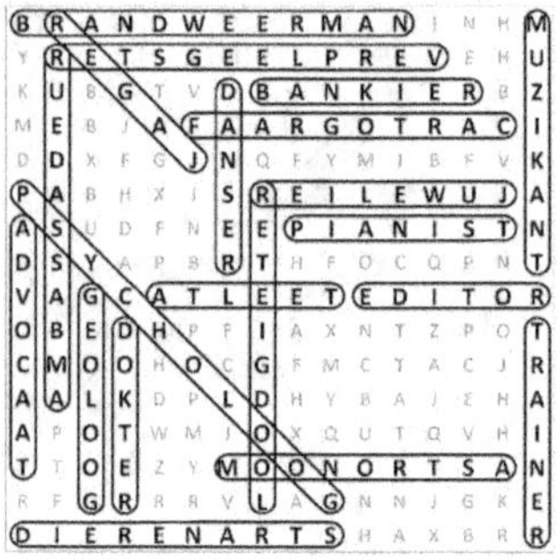

38 - Vehículos

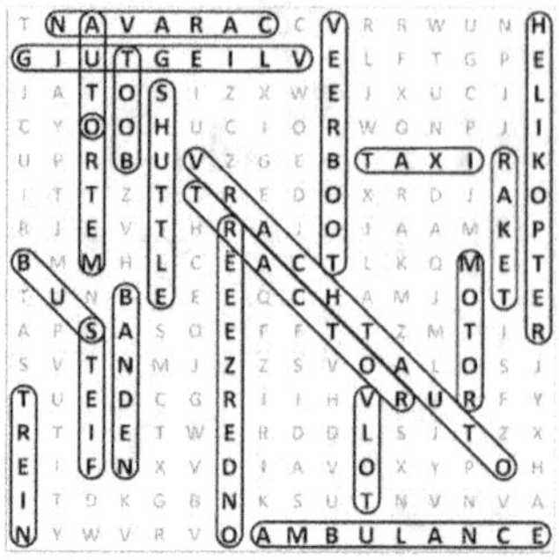

39 - Geometría

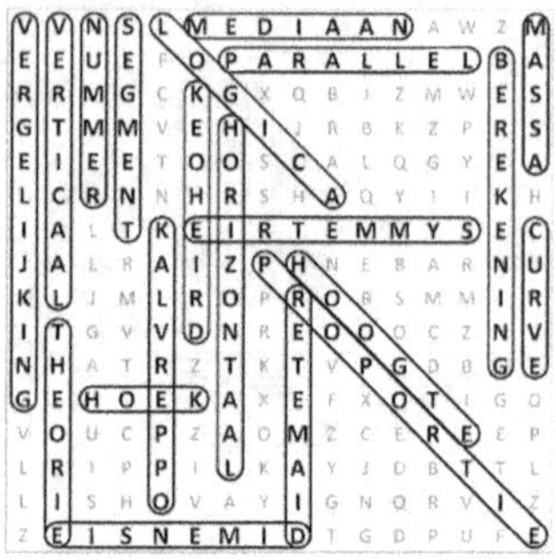

40 - Vacaciones #2

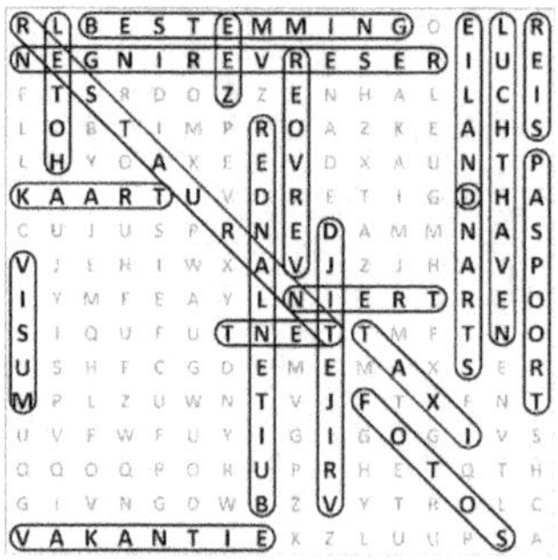

41 - Baile

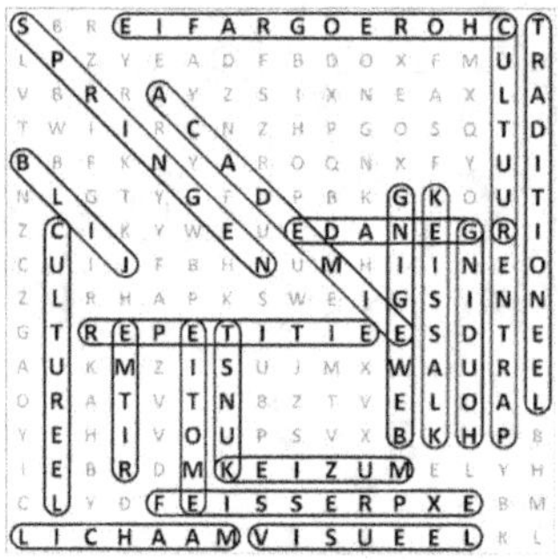

42 - Matemáticas

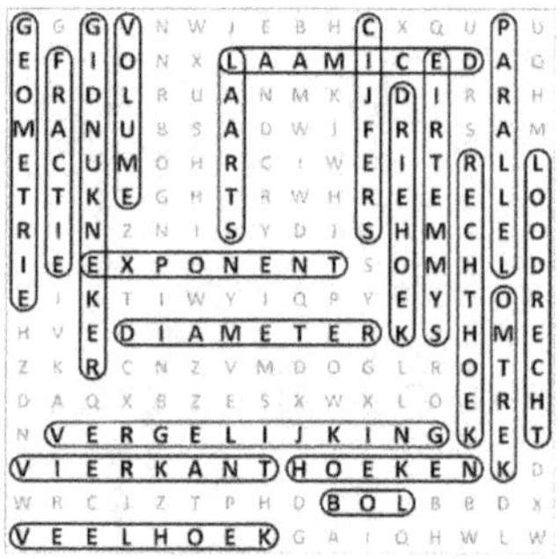

43 - Restaurante #1

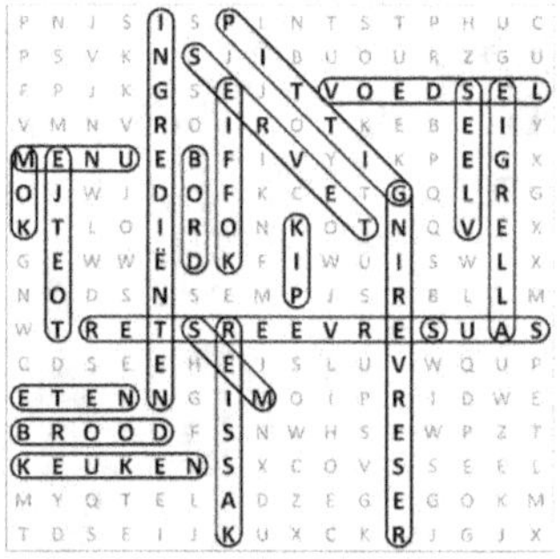

44 - Profesiones #2

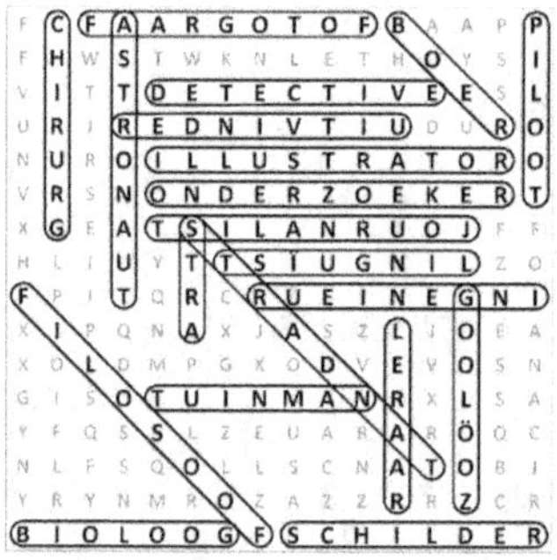

45 - Senderismo

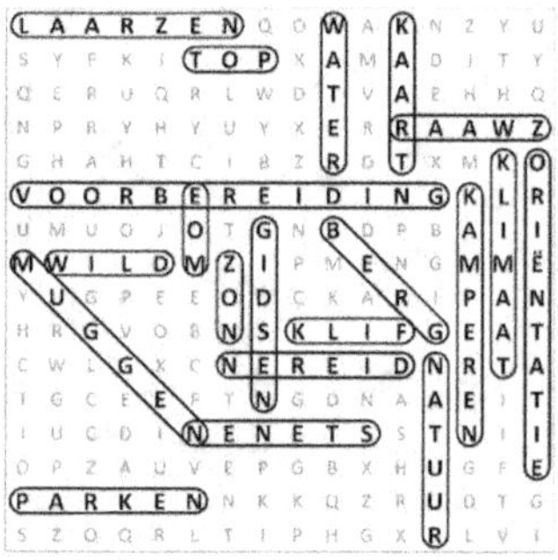

46 - Naturaleza

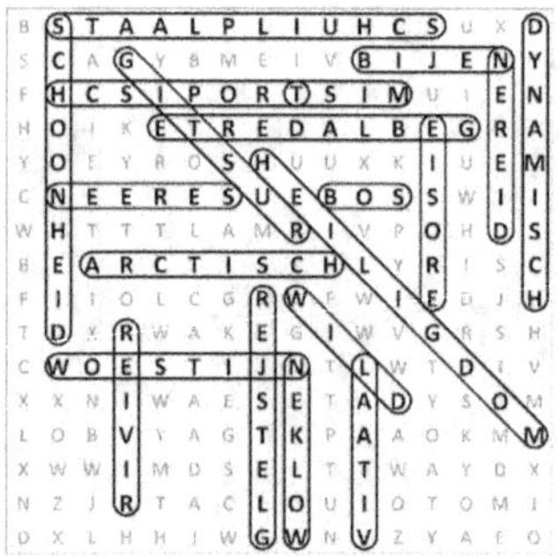

47 - Conduciendo

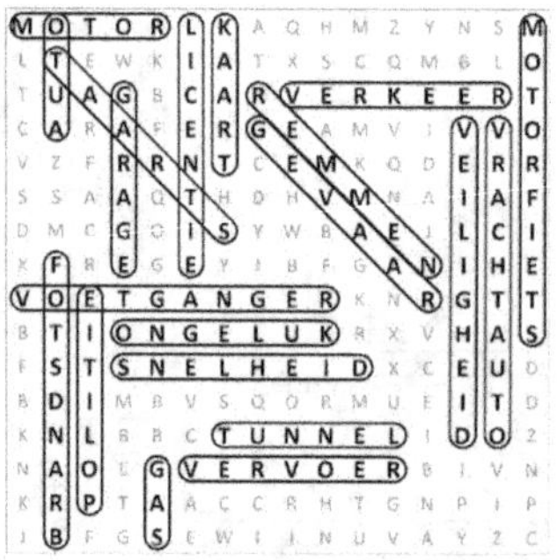

48 - Ballet

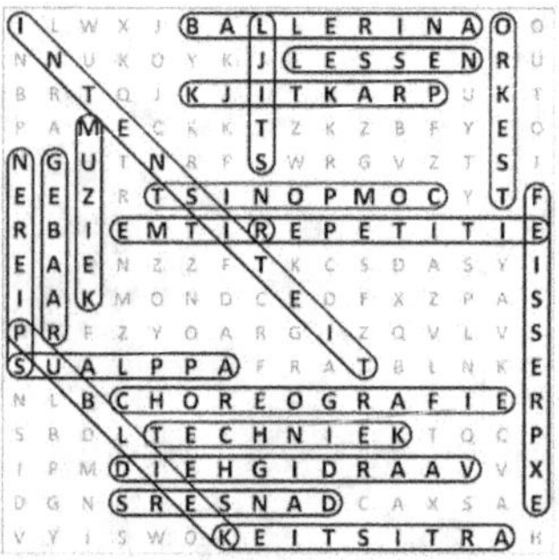

49 - Fuerza y Gravedad

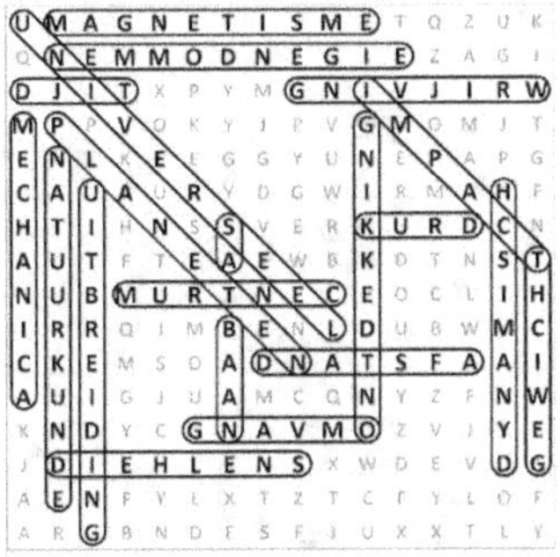

50 - Aventura

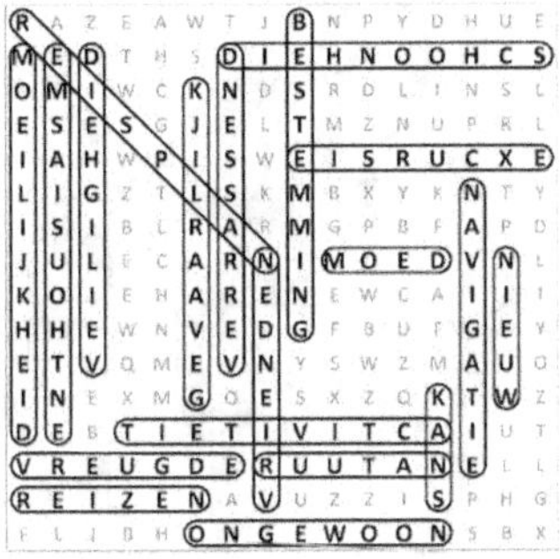

51 - Pájaros

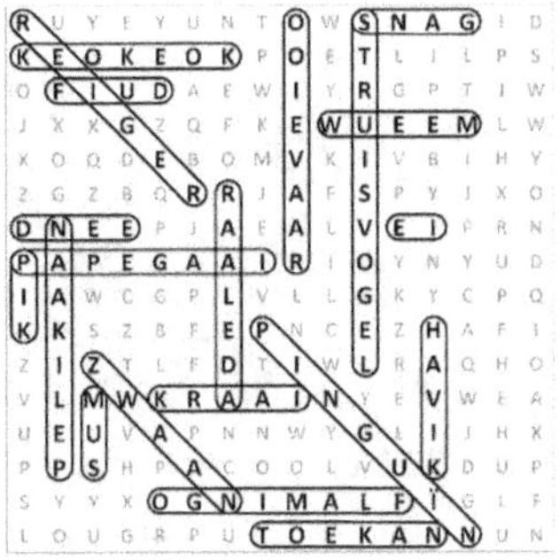

52 - Geografía

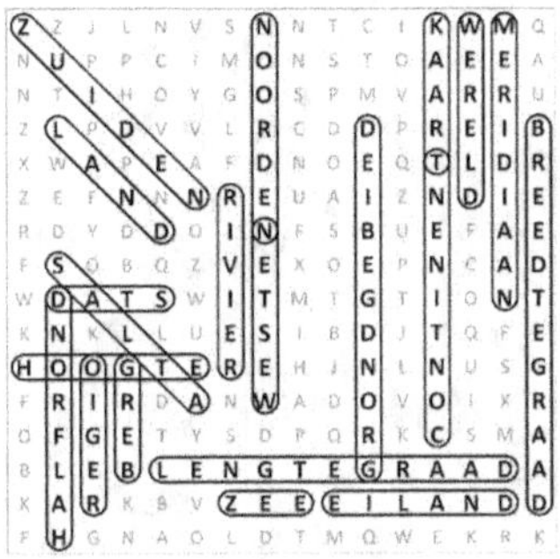

53 - Música

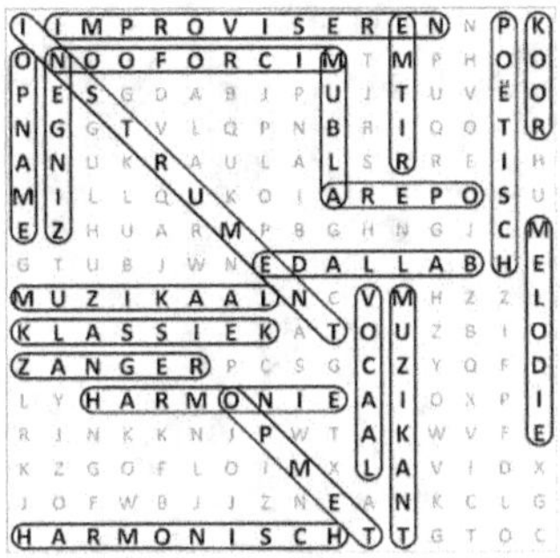

54 - Enfermedad

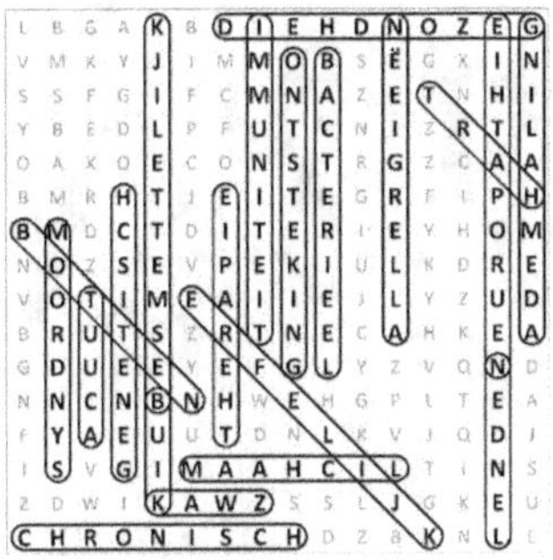

55 - Actividades

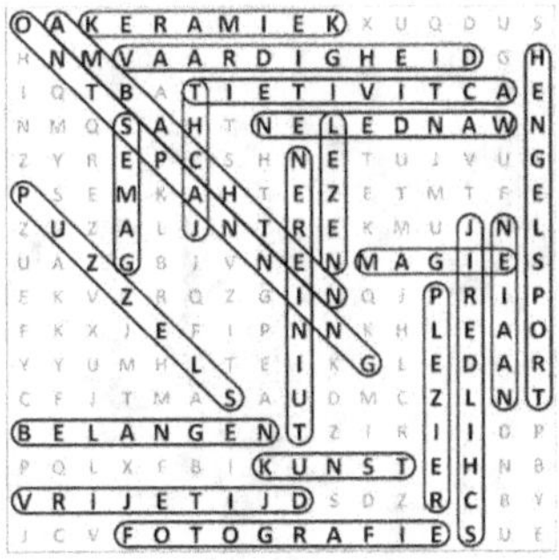

56 - Verduras

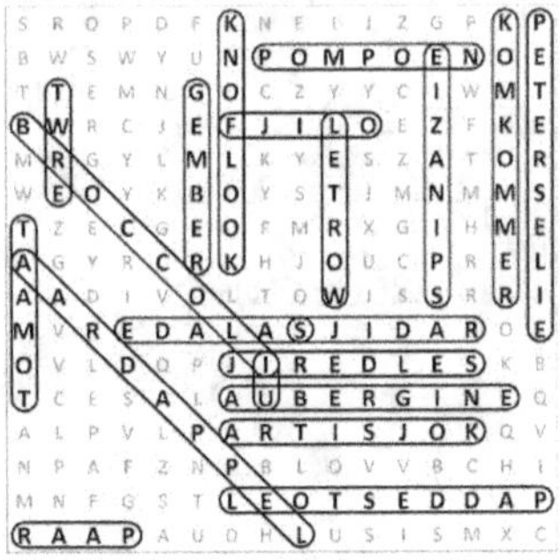

57 - Instrumentos Musicales

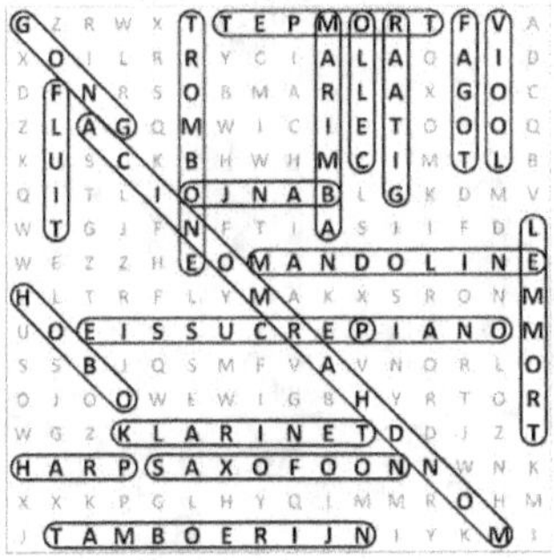

58 - Formas

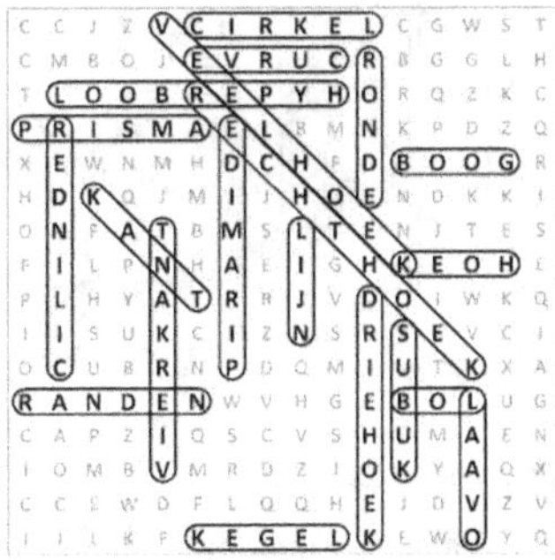

59 - Flores

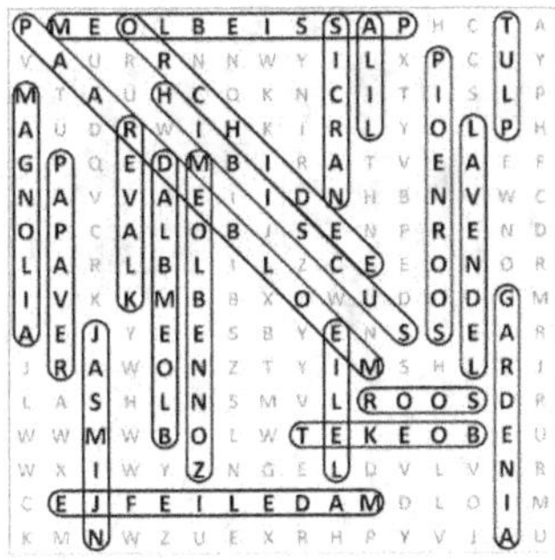

60 - Astronomía

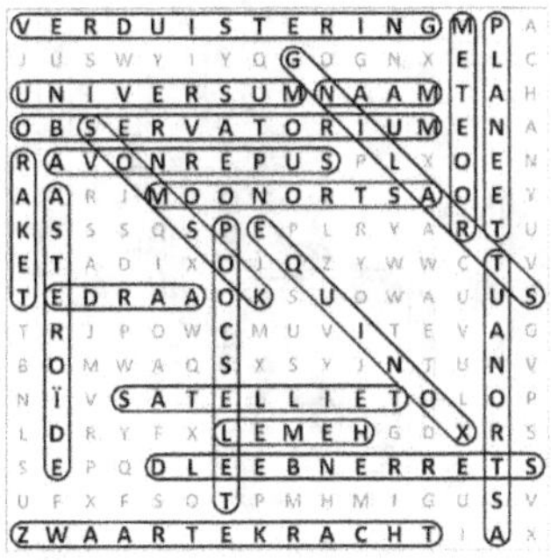

61 - Tiempo

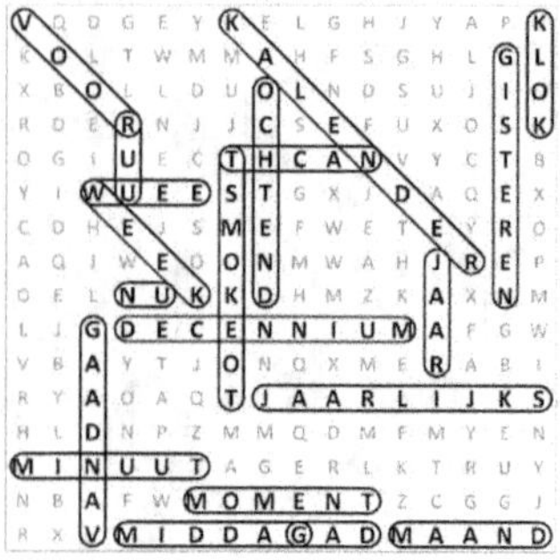

62 - Paisajes

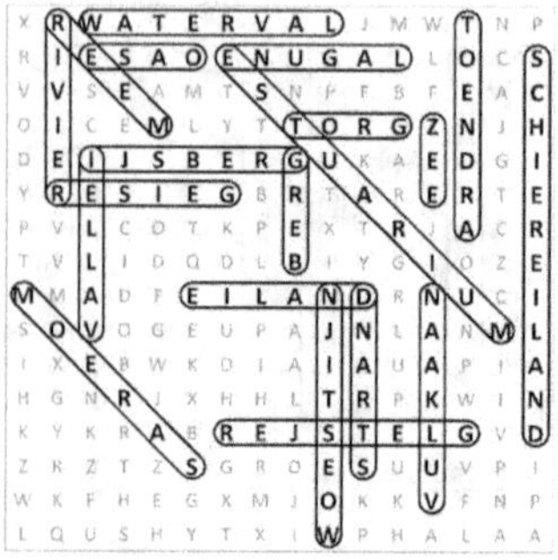

63 - Días y Meses

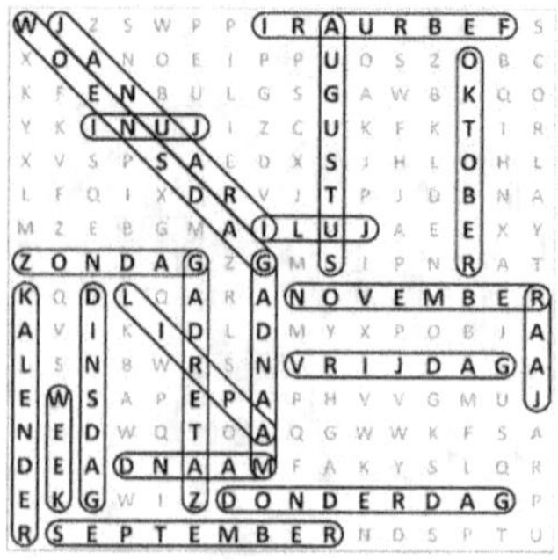

64 - Biología

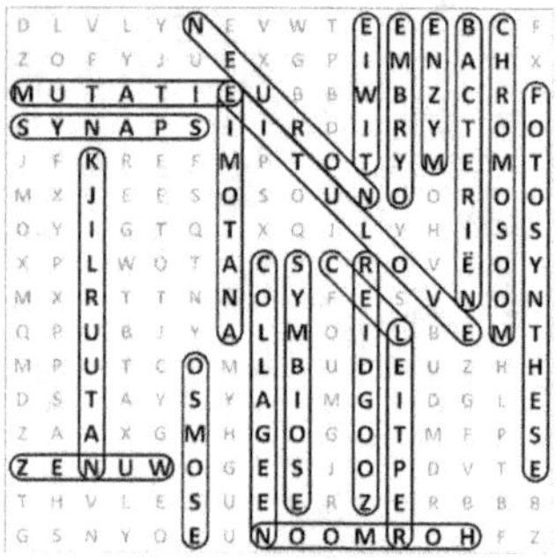

65 - Chocolate

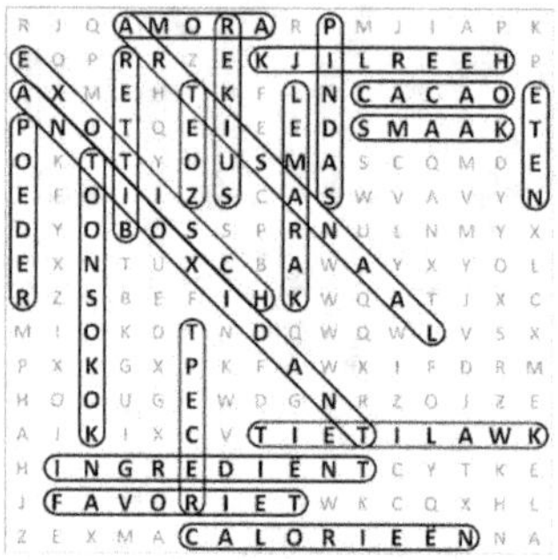

66 - Barbacoas

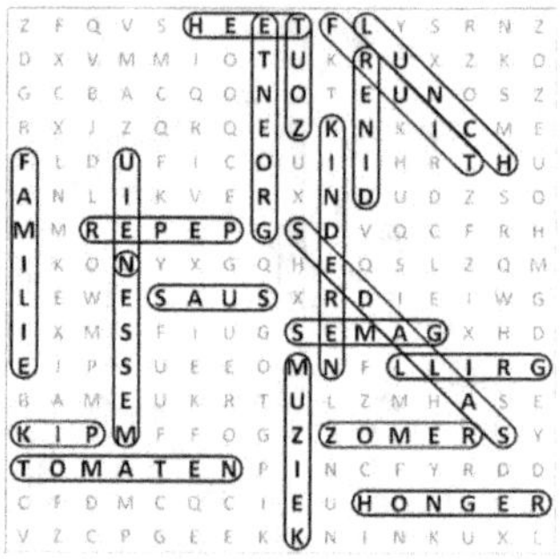

67 - Ropa

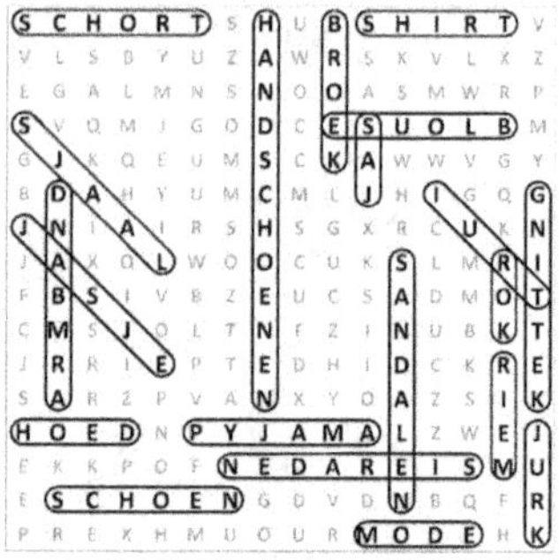

68 - Meditación

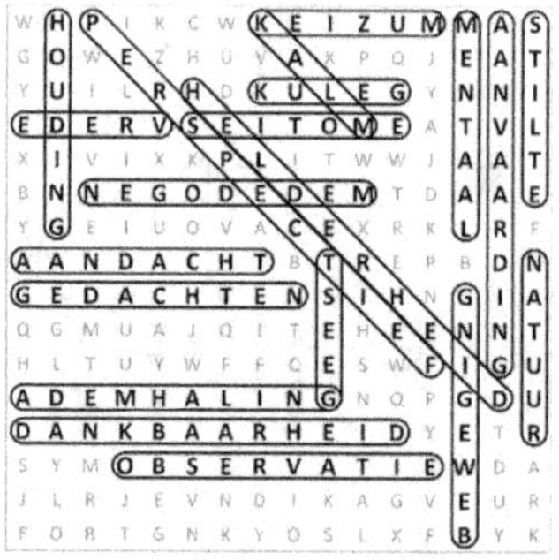

69 - Café

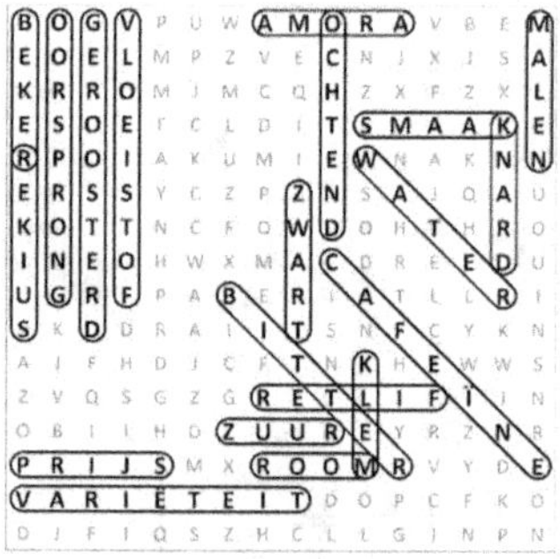

70 - Libros

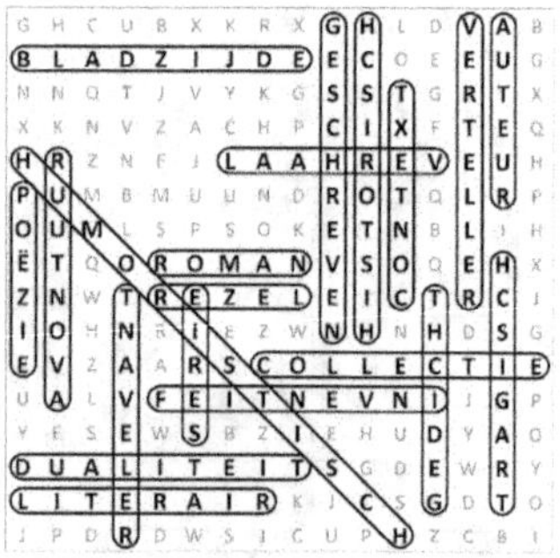

71 - Los Medios de Comunicación

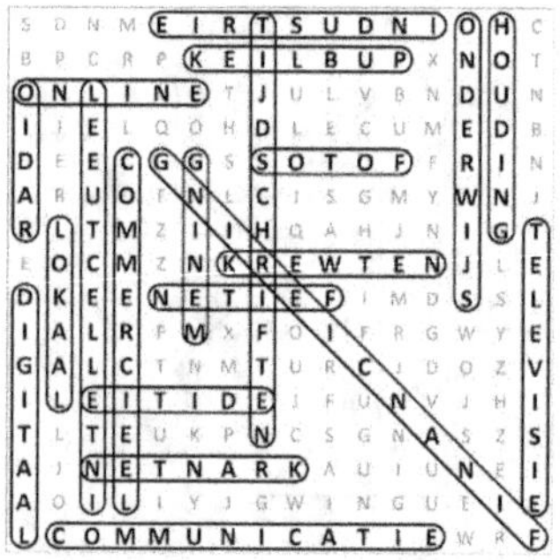

72 - Nutrición

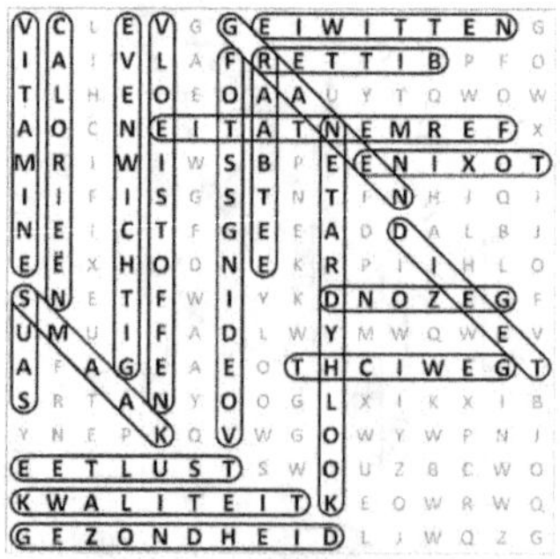

73 - Edificios

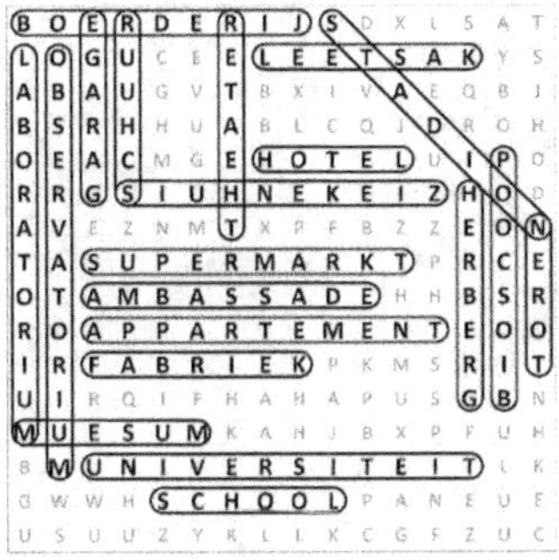

74 - Océano

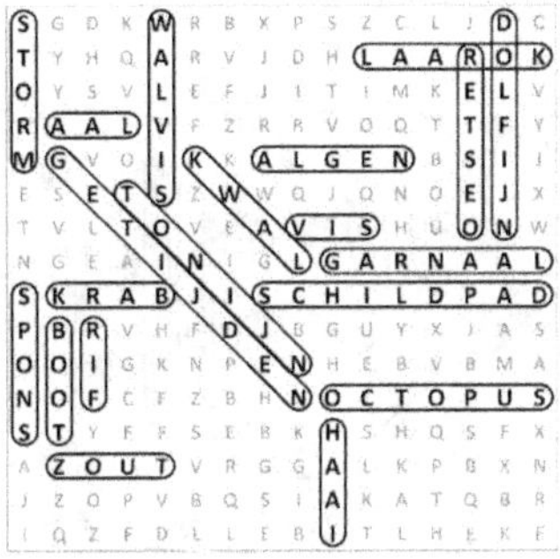

75 - Ciudad

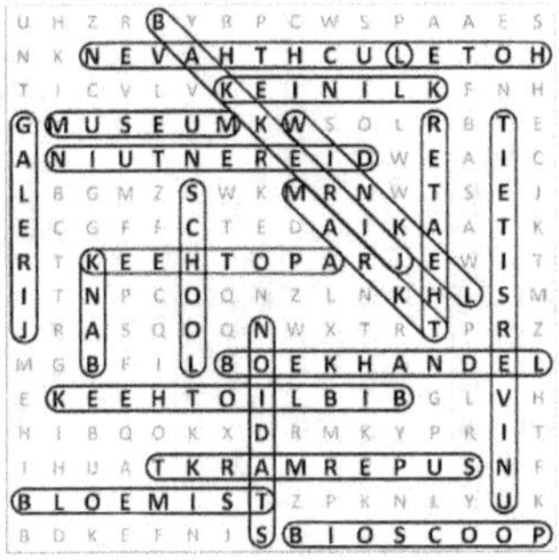

76 - Agronomía

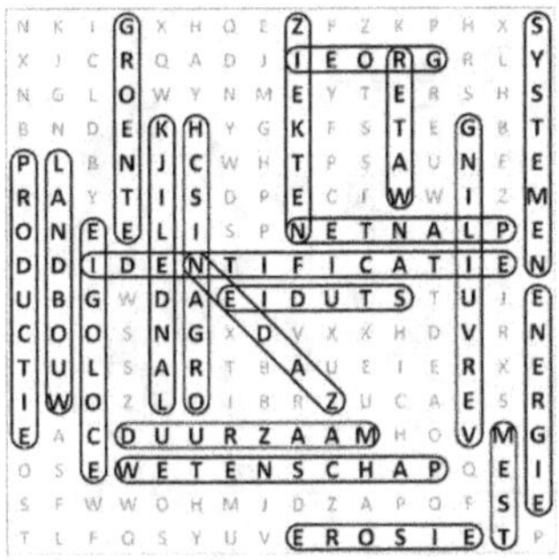

77 - Actividades y Ocio

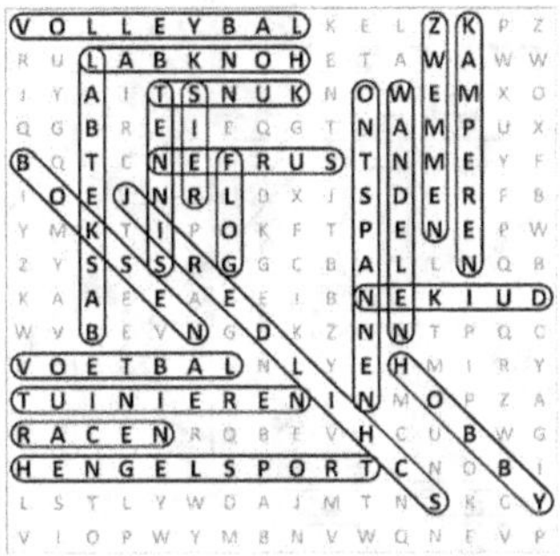

78 - Ingeniería

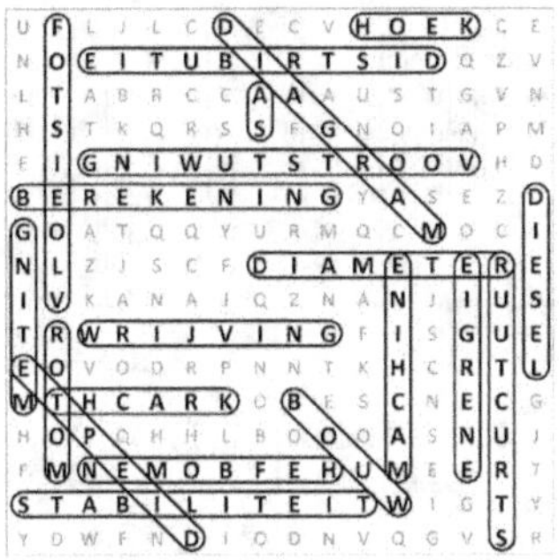

79 - Comida #1

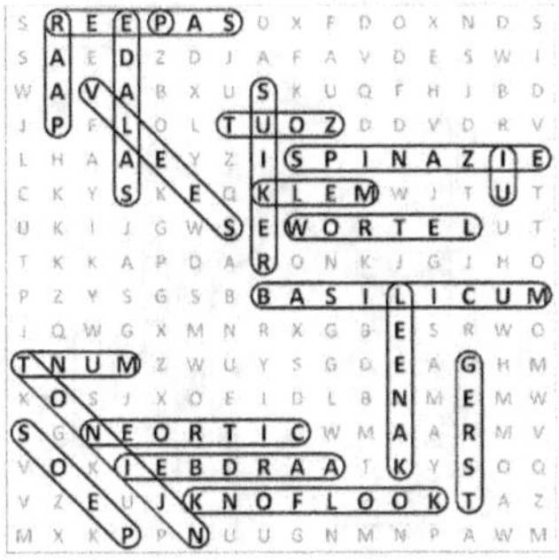

80 - Antigüedades

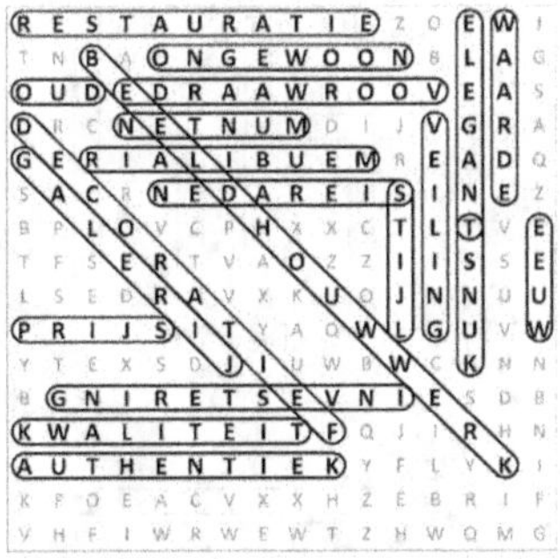

81 - Literatura

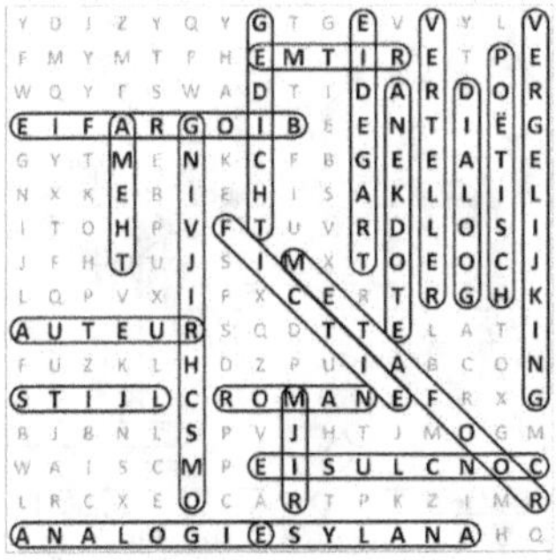

82 - Química

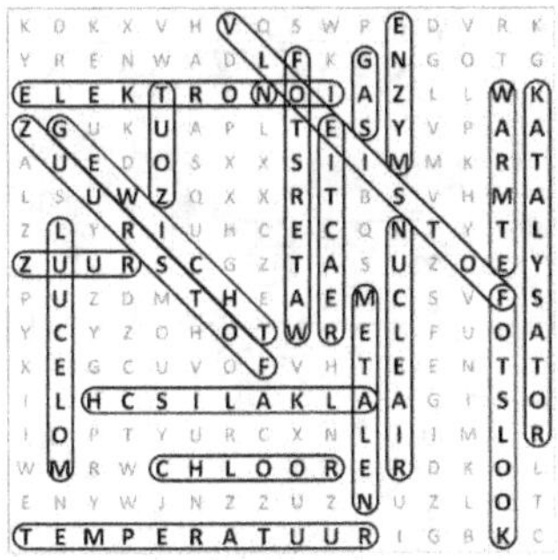

83 - Gobierno

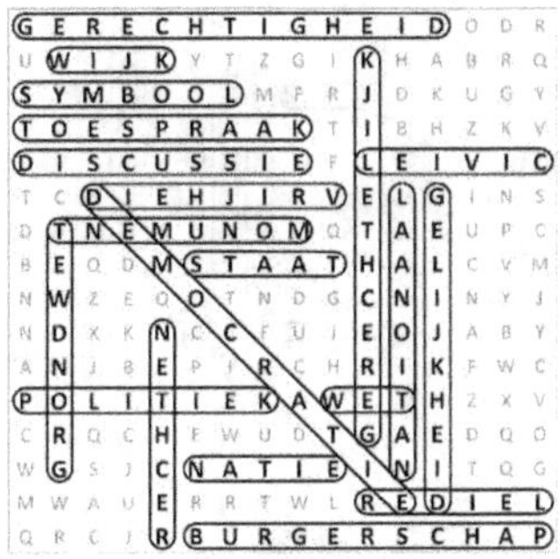

84 - Creatividad

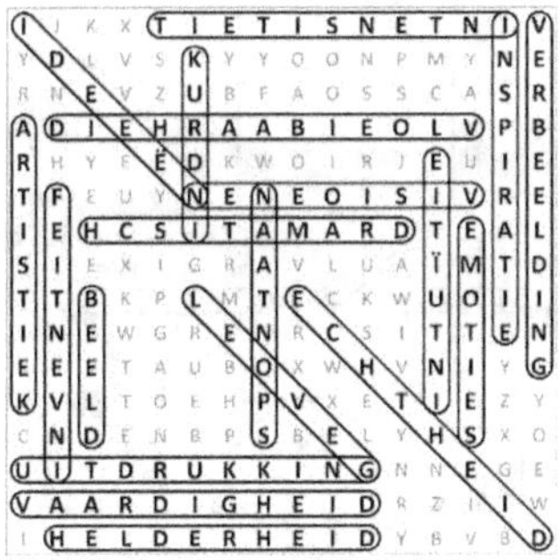

85 - Clima

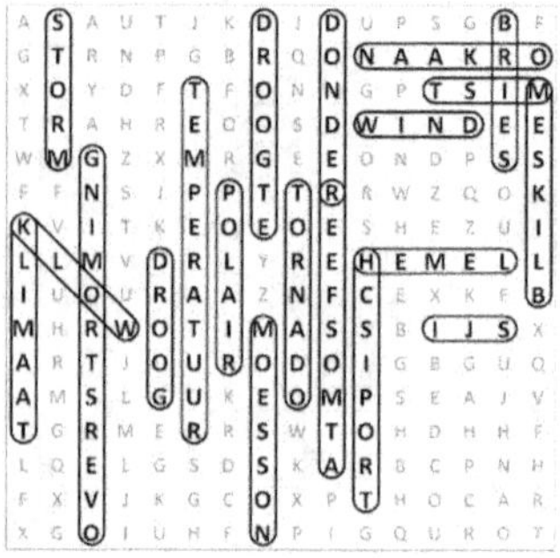

86 - Comida #2

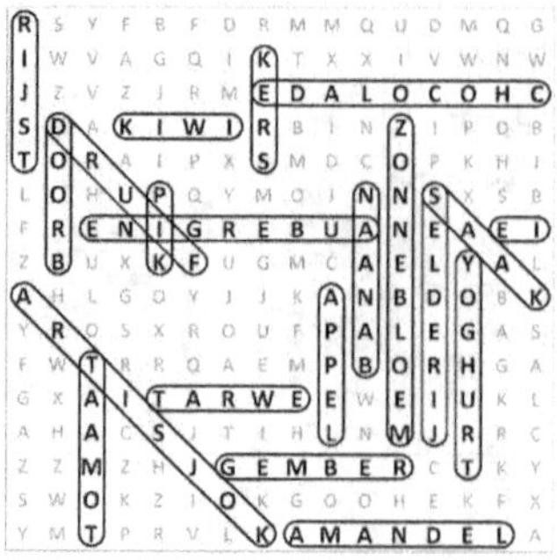

87 - Arte

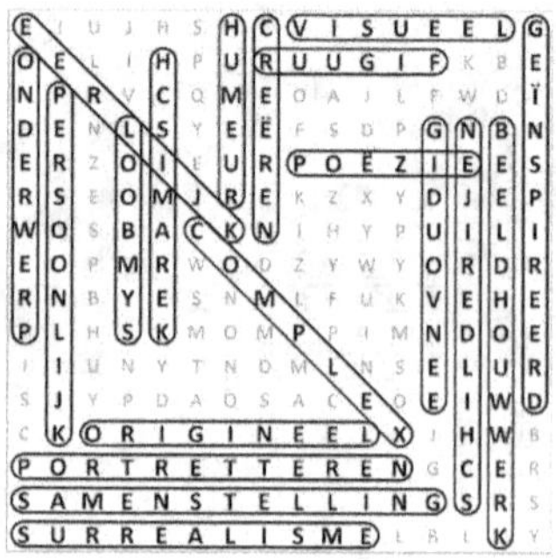

88 - Diplomacia

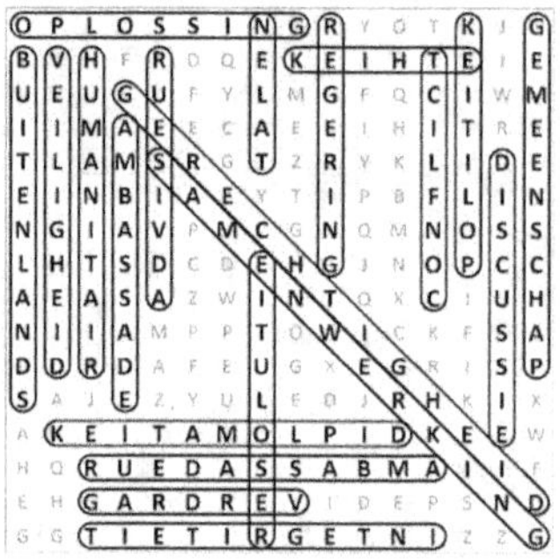

89 - Herboristería

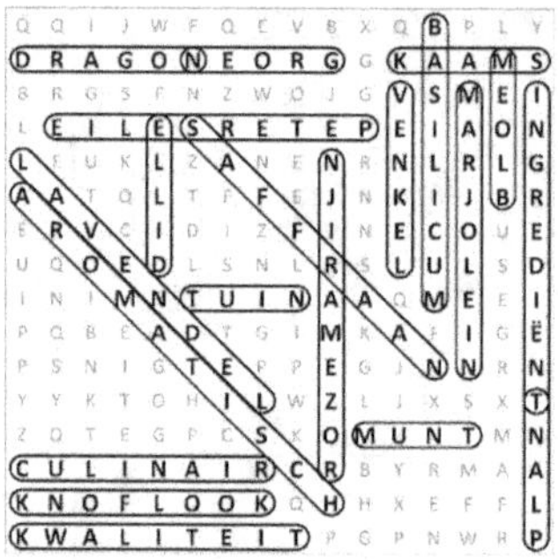

90 - Energía

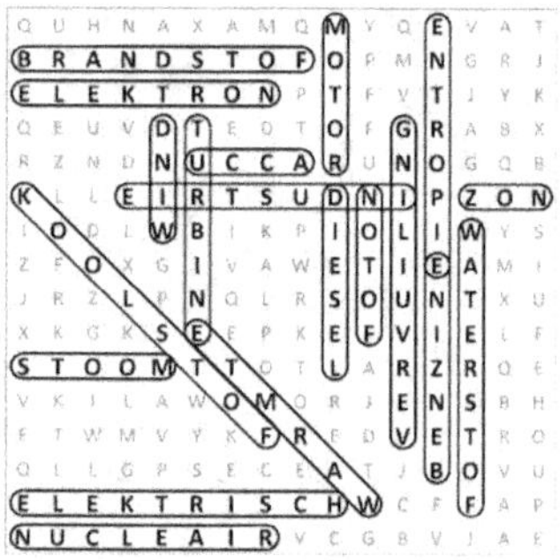

91 - Especias

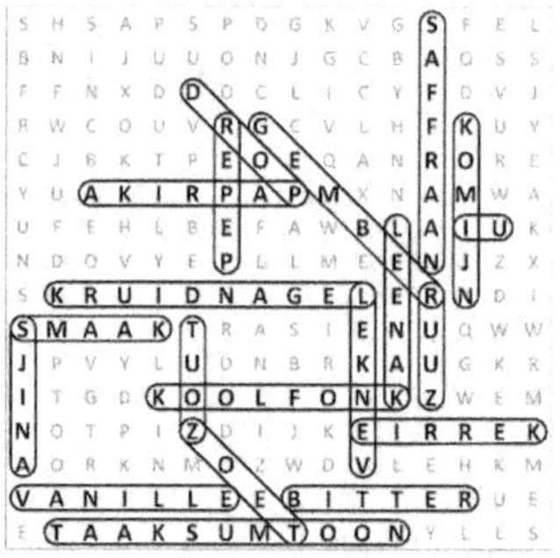

92 - Universo

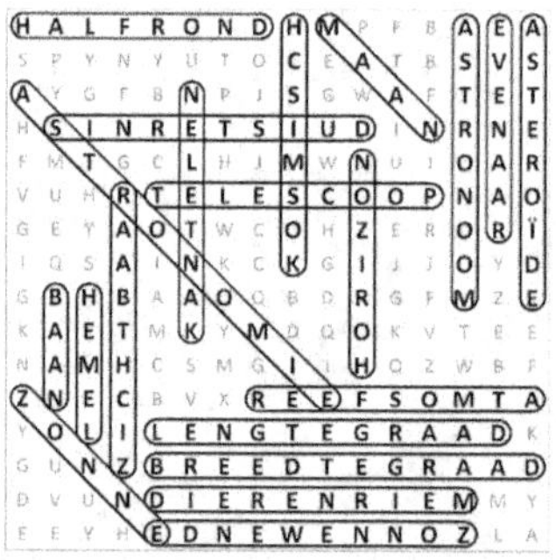

93 - Jazz

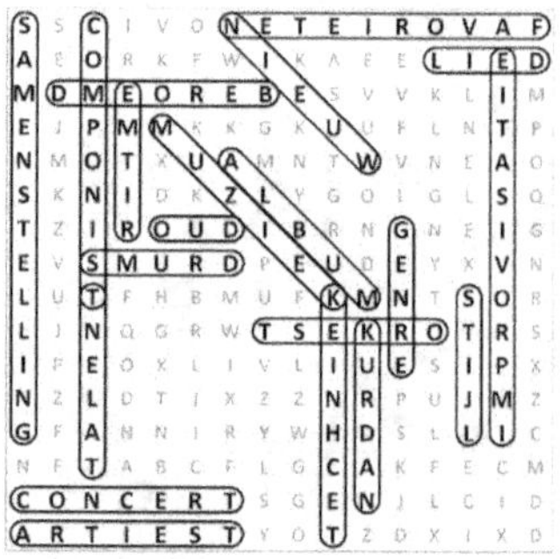

94 - Mediciones

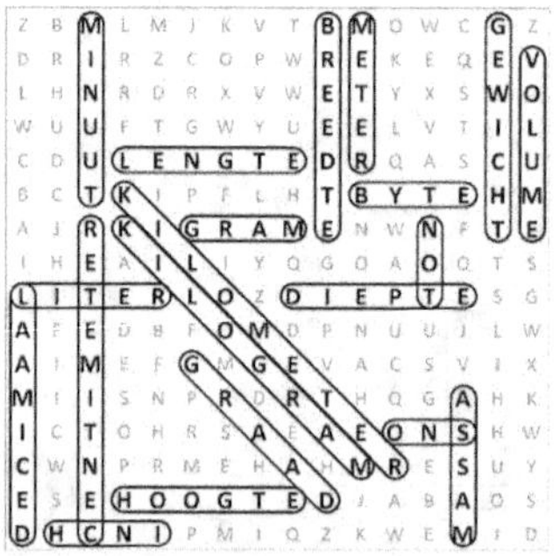

95 - Barcos

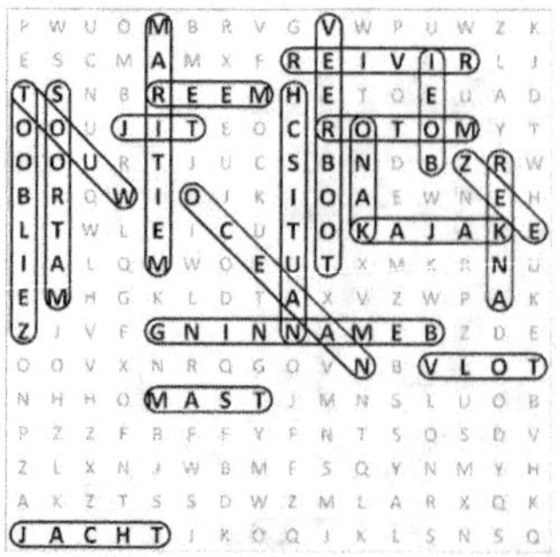

96 - Antártida

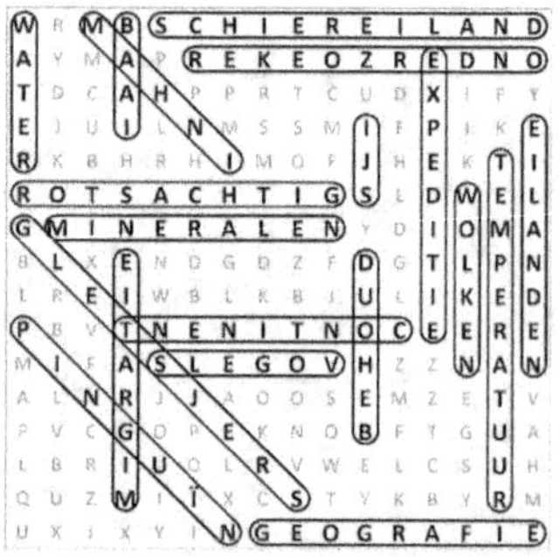

97 - Mamíferos

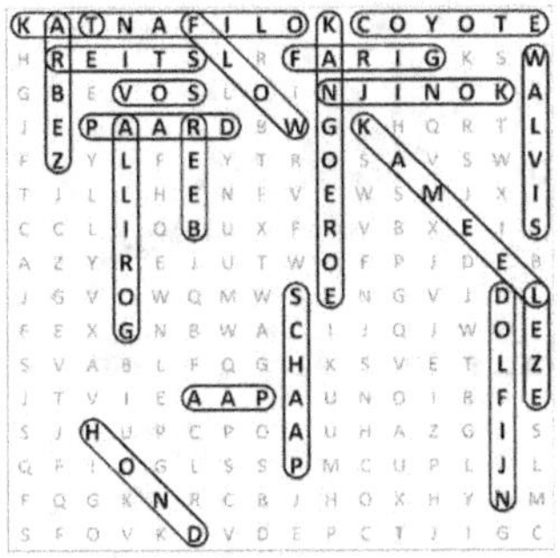

98 - Boxeo

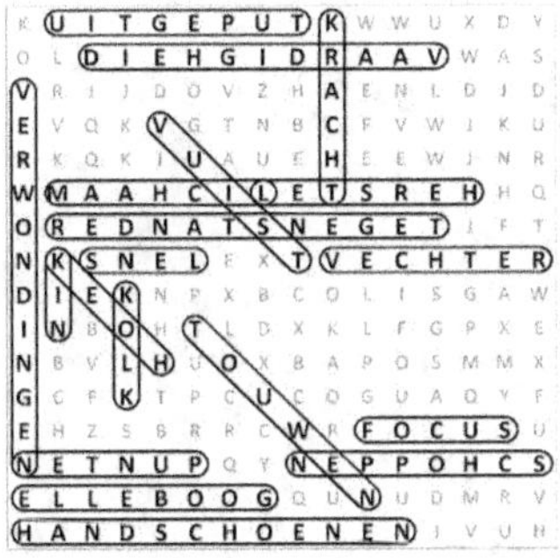

99 - Abejas

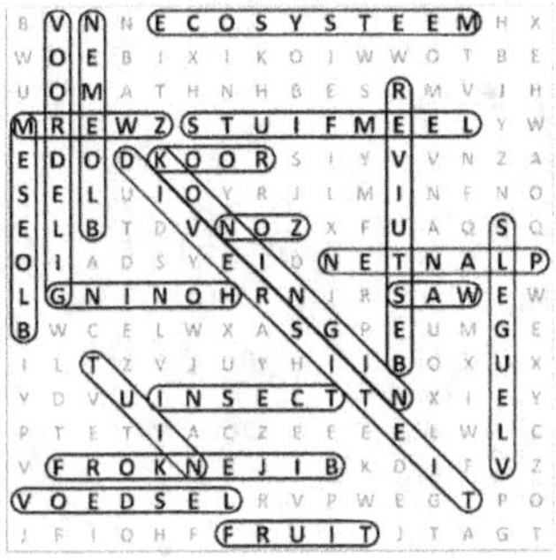

100 - Psicología

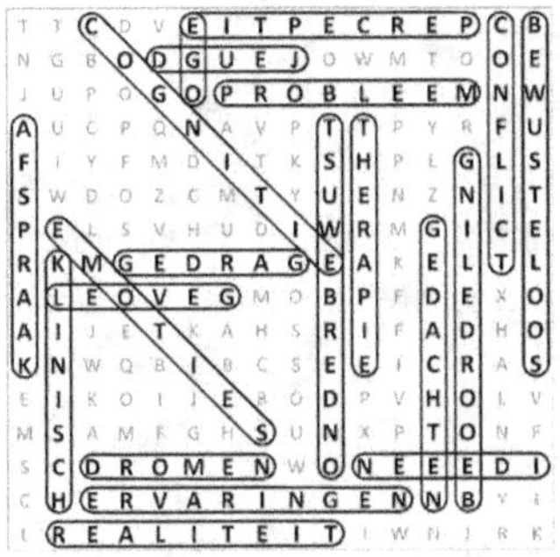

Diccionario

Abejas
Bijen

Alas	Vleugels
Beneficioso	Voordelig
Cera	Was
Colmena	Bijenkorf
Comida	Voedsel
Diversidad	Diversiteit
Ecosistema	Ecosysteem
Enjambre	Zwerm
Flor	Bloesem
Flores	Bloemen
Fruta	Fruit
Humo	Rook
Insecto	Insect
Jardín	Tuin
Miel	Honing
Plantas	Planten
Polen	Stuifmeel
Polinizador	Bestuiver
Reina	Koningin
Sol	Zon

Actividades
Activiteiten

Actividad	Activiteit
Arte	Kunst
Artesanía	Ambachten
Caza	Jacht
Cerámica	Keramiek
Costura	Naaien
Fotografía	Fotografie
Habilidad	Vaardigheid
Intereses	Belangen
Jardinería	Tuinieren
Juegos	Games
Lectura	Lezen
Magia	Magie
Ocio	Vrije Tijd
Pesca	Hengelsport
Pintura	Schilderij
Placer	Plezier
Relajación	Ontspanning
Rompecabezas	Puzzels
Senderismo	Wandelen

Actividades y Ocio
Activiteiten en Vrije Ti

Aficiones	Hobby
Arte	Kunst
Baloncesto	Basketbal
Béisbol	Honkbal
Boxeo	Boksen
Buceo	Duiken
Camping	Kamperen
Carreras	Racen
Fútbol	Voetbal
Golf	Golf
Jardinería	Tuinieren
Natación	Zwemmen
Pesca	Hengelsport
Pintura	Schilderij
Relajante	Ontspannen
Senderismo	Wandelen
Surf	Surfen
Tenis	Tennis
Viaje	Reis
Voleibol	Volleybal

Adjetivos #1
Bijvoeglijke Naamwoorden

Absoluto	Absoluut
Activo	Actief
Ambicioso	Ambitieus
Aromático	Aromatisch
Atractivo	Aantrekkelijk
Brillante	Helder
Enorme	Enorm
Generoso	Gul
Grande	Groot
Honesto	Eerlijk
Importante	Belangrijk
Inocente	Onschuldig
Joven	Jong
Lento	Langzaam
Moderno	Modern
Oscuro	Donker
Perfecto	Perfect
Pesado	Zwaar
Serio	Ernstig
Valioso	Waardevol

Adjetivos #2
Bijvoeglijke Naamwoorden

Cansado	Moe
Comestible	Eetbaar
Creativo	Creatief
Descriptivo	Beschrijvend
Dramático	Dramatisch
Dulce	Zoet
Elegante	Elegant
Famoso	Beroemd
Fresco	Vers
Fuerte	Sterk
Interesante	Interessant
Natural	Natuurlijk
Normal	Normaal
Nuevo	Nieuw
Orgulloso	Trots
Picante	Pittig
Productivo	Productief
Salado	Zout
Saludable	Gezond
Seco	Droog

Agronomía
Agronomie

Agricultura	Landbouw
Agua	Water
Ciencia	Wetenschap
Contaminación	Vervuiling
Crecimiento	Groei
Ecología	Ecologie
Energía	Energie
Enfermedades	Ziekten
Erosión	Erosie
Estudio	Studie
Fertilizante	Mest
Identificación	Identificatie
Orgánico	Organisch
Plantas	Planten
Producción	Productie
Rural	Landelijk
Semillas	Zaden
Sistemas	Systemen
Sostenible	Duurzaam
Verduras	Groente

Agua
Water

Canal	Kanaal
Ducha	Douche
Evaporación	Verdamping
Géiser	Geiser
Helada	Vorst
Hielo	Ijs
Humedad	Vochtigheid
Huracán	Orkaan
Húmedo	Vochtig
Inundación	Overstroming
Lago	Meer
Lluvia	Regen
Monzón	Moesson
Nieve	Sneeuw
Océano	Oceaan
Olas	Golven
Potable	Drinkbaar
Riego	Irrigatie
Río	Rivier
Vapor	Stoom

Antártida
Antarctica

Agua	Water
Bahía	Baai
Conservación	Behoud
Continente	Continent
Ensenada	Inham
Expedición	Expeditie
Geografía	Geografie
Glaciares	Gletsjers
Hielo	Ijs
Investigador	Onderzoeker
Islas	Eilanden
Migración	Migratie
Minerales	Mineralen
Nubes	Wolken
Pájaros	Vogels
Península	Schiereiland
Pingüinos	Pinguïn
Rocoso	Rotsachtig
Temperatura	Temperatuur
Topografía	Topografie

Antigüedades
Antiek

Arte	Kunst
Auténtico	Authentiek
Calidad	Kwaliteit
Condición	Voorwaarde
Decorativo	Decoratief
Elegante	Elegant
Escultura	Beeldhouwwerk
Estilo	Stijl
Galería	Galerij
Inusual	Ongewoon
Inversión	Investering
Joyas	Sieraden
Monedas	Munten
Mueble	Meubilair
Precio	Prijs
Restauración	Restauratie
Siglo	Eeuw
Subasta	Veiling
Valor	Waarde
Viejo	Oud

Arqueología
Archeologie

Análisis	Analyse
Antigüedad	Oudheid
Años	Jaren
Civilización	Beschaving
Descendiente	Nakomeling
Desconocido	Onbekend
Equipo	Team
Era	Tijdperk
Evaluación	Evaluatie
Experto	Deskundige
Fósil	Fossiel
Huesos	Botten
Investigador	Onderzoeker
Misterio	Mysterie
Objetos	Objecten
Olvidado	Vergeten
Profesor	Professor
Reliquia	Relikwie
Templo	Tempel
Tumba	Graf

Arte
Kunst

Cerámica	Keramisch
Complejo	Complex
Composición	Samenstelling
Crear	Creëren
Escultura	Beeldhouwwerk
Expresión	Uitdrukking
Figura	Figuur
Honesto	Eerlijk
Humor	Humeur
Inspirado	Geïnspireerd
Original	Origineel
Personal	Persoonlijk
Pinturas	Schilderijen
Poesía	Poëzie
Retratar	Portretteren
Sencillo	Eenvoudig
Símbolo	Symbool
Surrealismo	Surrealisme
Tema	Onderwerp
Visual	Visueel

Artes Visuales
Beeldende Kunsten

Arcilla	Klei
Arquitectura	Architectuur
Artista	Artiest
Barniz	Vernis
Caballete	Ezel
Cera	Was
Cerámica	Keramiek
Composición	Samenstelling
Creatividad	Creativiteit
Escultura	Beeldhouwwerk
Fotografía	Foto
Lápiz	Potlood
Obra Maestra	Meesterwerk
Película	Film
Perspectiva	Perspectief
Pintura	Schilderij
Plantilla	Stencil
Pluma	Pen
Retrato	Portret
Tiza	Krijt

Astronomía
Astronomie

Asteroide	Asteroïde
Astronauta	Astronaut
Astrónomo	Astronoom
Cielo	Hemel
Cohete	Raket
Constelación	Sterrenbeeld
Cosmos	Kosmos
Eclipse	Verduistering
Equinoccio	Equinox
Gravedad	Zwaartekracht
Luna	Maan
Meteoro	Meteoor
Observatorio	Observatorium
Planeta	Planeet
Radiación	Straling
Satélite	Satelliet
Supernova	Supernova
Telescopio	Telescoop
Tierra	Aarde
Universo	Universum

Aventura
Avontuur

Actividad	Activiteit
Alegría	Vreugde
Amigos	Vrienden
Belleza	Schoonheid
Destino	Bestemming
Dificultad	Moeilijkheid
Entusiasmo	Enthousiasme
Excursión	Excursie
Inusual	Ongewoon
Itinerario	Reisplan
Naturaleza	Natuur
Navegación	Navigatie
Nuevo	Nieuw
Oportunidad	Kans
Peligroso	Gevaarlijk
Preparación	Voorbereiding
Seguridad	Veiligheid
Sorprendente	Verrassend
Valentía	Moed
Viajes	Reizen

Aviones
Vliegtuigen

Aire	Lucht
Altura	Hoogte
Aterrizaje	Landen
Atmósfera	Atmosfeer
Aventura	Avontuur
Cielo	Hemel
Combustible	Brandstof
Construcción	Bouw
Dirección	Richting
Diseño	Ontwerp
Globo	Ballon
Hélices	Propellers
Hidrógeno	Waterstof
Historia	Geschiedenis
Motor	Motor
Navegar	Navigeren
Pasajero	Passagier
Piloto	Piloot
Tripulación	Bemanning
Turbulencia	Turbulentie

Álgebra
Algebra

Cantidad	Hoeveelheid
Cero	Nul
Diagrama	Diagram
División	Divisie
Ecuación	Vergelijking
Exponente	Exponent
Factor	Factor
Falso	Vals
Fórmula	Formule
Fracción	Fractie
Infinito	Oneindig
Lineal	Lineair
Matriz	Matrix
Número	Nummer
Paréntesis	Haakje
Problema	Probleem
Resolver	Oplossen
Resta	Aftrekken
Solución	Oplossing
Variable	Variabele

Baile
Dans

Academia	Academie
Alegre	Blij
Arte	Kunst
Clásico	Klassiek
Coreografía	Choreografie
Cuerpo	Lichaam
Cultura	Cultuur
Cultural	Cultureel
Emoción	Emotie
Ensayo	Repetitie
Expresivo	Expressief
Gracia	Genade
Movimiento	Beweging
Música	Muziek
Postura	Houding
Ritmo	Ritme
Saltar	Springen
Socio	Partner
Tradicional	Traditioneel
Visual	Visueel

Ballet
Ballet

Aplauso	Applaus
Artístico	Artistiek
Audiencia	Publiek
Bailarina	Ballerina
Bailarines	Dansers
Compositor	Componist
Coreografía	Choreografie
Ensayo	Repetitie
Estilo	Stijl
Expresivo	Expressief
Gesto	Gebaar
Habilidad	Vaardigheid
Intensidad	Intensiteit
Lecciones	Lessen
Músculos	Spieren
Música	Muziek
Orquesta	Orkest
Práctica	Praktijk
Ritmo	Ritme
Técnica	Techniek

Barbacoas
Barbecues

Almuerzo	Lunch
Caliente	Heet
Cebollas	Uien
Cena	Diner
Cuchillos	Messen
Ensaladas	Salades
Familia	Familie
Fruta	Fruit
Hambre	Honger
Juegos	Games
Música	Muziek
Niños	Kinderen
Parrilla	Grill
Pimienta	Peper
Pollo	Kip
Sal	Zout
Salsa	Saus
Tomates	Tomaten
Verano	Zomer
Verduras	Groente

Barcos
Boten

Ancla	Anker
Balsa	Vlot
Boya	Boei
Canoa	Kano
Cuerda	Touw
Ferry	Veerboot
Kayak	Kajak
Lago	Meer
Mar	Zee
Marea	Tij
Marinero	Matroos
Marítimo	Maritiem
Mástil	Mast
Motor	Motor
Náutico	Nautisch
Océano	Oceaan
Río	Rivier
Tripulación	Bemanning
Velero	Zeilboot
Yate	Jacht

Belleza
Schoonheid

Aceites	Oliën
Champú	Shampoo
Color	Kleur
Cosméticos	Cosmetica
Elegancia	Elegantie
Elegante	Elegant
Encanto	Charme
Espejo	Spiegel
Estilista	Stilist
Fotogénico	Fotogeniek
Fragancia	Geur
Gracia	Genade
Maquillaje	Verzinnen
Piel	Huid
Pintalabios	Lippenstift
Productos	Producten
Rizos	Krullen
Rímel	Mascara
Servicios	Diensten
Tijeras	Schaar

Biología
Biologie

Anatomía	Anatomie
Bacterias	Bacteriën
Celda	Cel
Colágeno	Collageen
Cromosoma	Chromosoom
Embrión	Embryo
Enzima	Enzym
Evolución	Evolutie
Fotosíntesis	Fotosynthese
Hormona	Hormoon
Mamífero	Zoogdier
Mutación	Mutatie
Natural	Natuurlijk
Nervio	Zenuw
Neurona	Neuron
Ósmosis	Osmose
Proteína	Eiwit
Reptil	Reptiel
Simbiosis	Symbiose
Sinapsis	Synaps

Boxeo
Boksen

Barbilla	Kin
Campana	Klok
Centrar	Focus
Codo	Elleboog
Cuerdas	Touwen
Cuerpo	Lichaam
Esquina	Hoek
Exhausto	Uitgeput
Fuerza	Kracht
Guantes	Handschoenen
Habilidad	Vaardigheid
Lesiones	Verwondingen
Luchador	Vechter
Oponente	Tegenstander
Patear	Schoppen
Puntos	Punten
Puño	Vuist
Rápido	Snel
Recuperación	Herstel

Café
Koffie

Agua	Water
Amargo	Bitter
Aroma	Aroma
Asado	Geroosterd
Azúcar	Suiker
Ácido	Zuur
Bebida	Drank
Cafeína	Cafeïne
Crema	Room
Filtro	Filter
Leche	Melk
Líquido	Vloeistof
Mañana	Ochtend
Moler	Malen
Negro	Zwart
Origen	Oorsprong
Precio	Prijs
Sabor	Smaak
Taza	Beker
Variedad	Variëteit

Calentamiento Global
Opwarming van de Aarde

Ahora	Nu
Ambiental	Milieu
Atención	Aandacht
Ártico	Arctisch
Cambios	Veranderingen
Científico	Wetenschapper
Clima	Klimaat
Consecuencias	Gevolgen
Crisis	Crisis
Datos	Gegevens
Desarrollo	Ontwikkeling
Energía	Energie
Futuro	Toekomst
Gas	Gas
Generaciones	Generaties
Gobierno	Regering
Industria	Industrie
Legislación	Wetgeving
Poblaciones	Populaties
Temperaturas	Temperaturen

Camping
Camping

Animales	Dieren
Aventura	Avontuur
Árboles	Bomen
Bosque	Bos
Brújula	Kompas
Cabina	Cabine
Canoa	Kano
Caza	Jacht
Cuerda	Touw
Equipo	Apparatuur
Fuego	Brand
Hamaca	Hangmat
Insecto	Insect
Lago	Meer
Linterna	Lantaarn
Luna	Maan
Mapa	Kaart
Montaña	Berg
Naturaleza	Natuur
Sombrero	Hoed

Casa
Huis

Alfombra	Tapijt
Ático	Zolder
Biblioteca	Bibliotheek
Chimenea	Haard
Cocina	Keuken
Dormitorio	Slaapkamer
Ducha	Douche
Escoba	Bezem
Espejo	Spiegel
Garaje	Garage
Grifo	Kraan
Jardín	Tuin
Lámpara	Lamp
Pared	Muur
Piso	Vloer
Puerta	Deur
Sótano	Kelder
Techo	Dak
Valla	Hek
Ventana	Raam

Chocolate
Chocolade

Amargo	Bitter
Antioxidante	Antioxidant
Aroma	Aroma
Artesanal	Artisanaal
Azúcar	Suiker
Cacahuetes	Pinda'S
Cacao	Cacao
Calidad	Kwaliteit
Calorías	Calorieën
Caramelo	Karamel
Coco	Kokosnoot
Comer	Eten
Delicioso	Heerlijk
Dulce	Zoet
Exótico	Exotisch
Favorito	Favoriet
Gusto	Smaak
Ingrediente	Ingrediënt
Polvo	Poeder
Receta	Recept

Ciencia
Wetenschap

Átomo	Atoom
Científico	Wetenschapper
Clima	Klimaat
Datos	Gegevens
Evolución	Evolutie
Experimento	Experiment
Física	Natuurkunde
Fósil	Fossiel
Gravedad	Zwaartekracht
Hecho	Feit
Hipótesis	Hypothese
Laboratorio	Laboratorium
Método	Methode
Minerales	Mineralen
Moléculas	Moleculen
Naturaleza	Natuur
Organismo	Organisme
Partículas	Deeltjes
Plantas	Planten
Químico	Chemisch

Ciencia Ficción
Meer Informatie

Atómico	Atoom
Cine	Bioscoop
Distante	Ver
Escenario	Scenario
Explosión	Explosie
Extremo	Extreem
Fantástico	Fantastisch
Fuego	Brand
Futurista	Futuristisch
Ilusión	Illusie
Imaginario	Denkbeeldig
Libros	Boeken
Misterioso	Mysterieus
Mundo	Wereld
Oráculo	Orakel
Planeta	Planeet
Realista	Realistisch
Robots	Robots
Tecnología	Technologie
Utopía	Utopie

Ciudad
Stad

Aeropuerto	Luchthaven
Banco	Bank
Biblioteca	Bibliotheek
Cine	Bioscoop
Clínica	Kliniek
Escuela	School
Estadio	Stadion
Farmacia	Apotheek
Florista	Bloemist
Galería	Galerij
Hotel	Hotel
Librería	Boekhandel
Mercado	Markt
Museo	Museum
Panadería	Bakkerij
Supermercado	Supermarkt
Teatro	Theater
Tienda	Winkel
Universidad	Universiteit
Zoo	Dierentuin

Clima
Weersomstandigheden

Atmósfera	Atmosfeer
Brisa	Bries
Cielo	Hemel
Clima	Klimaat
Hielo	Ijs
Huracán	Orkaan
Inundación	Overstroming
Monzón	Moesson
Niebla	Mist
Nube	Wolk
Polar	Polair
Rayo	Bliksem
Seco	Droog
Sequía	Droogte
Temperatura	Temperatuur
Tormenta	Storm
Tornado	Tornado
Tropical	Tropisch
Trueno	Donder
Viento	Wind

Cocina
Keuken

Caldera	Ketel
Comer	Eten
Comida	Voedsel
Congelador	Vriezer
Cucharas	Lepels
Cucharón	Pollepel
Cuchillos	Messen
Delantal	Schort
Especias	Specerijen
Esponja	Spons
Horno	Oven
Jarra	Kruik
Palillos	Eetstokjes
Parrilla	Grill
Receta	Recept
Refrigerador	Koelkast
Servilleta	Servet
Tazas	Cup
Tazón	Kom
Tenedores	Vorken

Comida #1
Eten #1

Ajo	Knoflook
Albahaca	Basilicum
Atún	Tonijn
Azúcar	Suiker
Canela	Kaneel
Carne	Vlees
Cebada	Gerst
Cebolla	Ui
Ensalada	Salade
Espinacas	Spinazie
Fresa	Aardbei
Jugo	Sap
Leche	Melk
Limón	Citroen
Menta	Munt
Nabo	Raap
Pera	Peer
Sal	Zout
Sopa	Soep
Zanahoria	Wortel

Comida #2
Eten #2

Alcachofa	Artisjok
Almendra	Amandel
Apio	Selderij
Arroz	Rijst
Berenjena	Aubergine
Cereza	Kers
Chocolate	Chocolade
Girasol	Zonnebloem
Huevo	Ei
Jengibre	Gember
Kiwi	Kiwi
Manzana	Appel
Pan	Brood
Plátano	Banaan
Pollo	Kip
Queso	Kaas
Tomate	Tomaat
Trigo	Tarwe
Uva	Druif
Yogur	Yoghurt

Conduciendo
Rijden

Accidente	Ongeluk
Calle	Straat
Camión	Vrachtauto
Coche	Auto
Combustible	Brandstof
Frenos	Remmen
Garaje	Garage
Gas	Gas
Licencia	Licentie
Mapa	Kaart
Motocicleta	Motorfiets
Motor	Motor
Peatonal	Voetganger
Peligro	Gevaar
Policía	Politie
Seguridad	Veiligheid
Transporte	Vervoer
Tráfico	Verkeer
Túnel	Tunnel
Velocidad	Snelheid

Creatividad
Creativiteit

Artístico	Artistiek
Autenticidad	Echtheid
Claridad	Helderheid
Dramático	Dramatisch
Emociones	Emoties
Espontáneo	Spontaan
Expresión	Uitdrukking
Fluidez	Vloeibaarheid
Habilidad	Vaardigheid
Ideas	Ideeën
Imagen	Beeld
Imaginación	Verbeelding
Impresión	Indruk
Inspiración	Inspiratie
Intensidad	Intensiteit
Intuición	Intuïtie
Inventivo	Inventief
Sensación	Gevoel
Visiones	Visioenen
Vitalidad	Vitaliteit

Cuerpo Humano
Menselijk Lichaam

Barbilla	Kin
Boca	Mond
Cabeza	Hoofd
Cara	Gezicht
Cerebro	Hersenen
Codo	Elleboog
Corazón	Hart
Cuello	Nek
Dedo	Vinger
Hombro	Schouder
Lengua	Tong
Mano	Hand
Nariz	Neus
Ojo	Oog
Oreja	Oor
Piel	Huid
Pierna	Been
Rodilla	Knie
Sangre	Bloed
Tobillo	Enkel

Diplomacia
Diplomatie

Asesor	Adviseur
Comunidad	Gemeenschap
Conflicto	Conflict
Cooperación	Samenwerking
Diplomático	Diplomatiek
Discusión	Discussie
Embajada	Ambassade
Embajador	Ambassadeur
Extranjero	Buitenlands
Ética	Ethiek
Gobierno	Regering
Humanitario	Humanitair
Idiomas	Talen
Integridad	Integriteit
Justicia	Gerechtigheid
Política	Politiek
Resolución	Resolutie
Seguridad	Veiligheid
Solución	Oplossing
Tratado	Verdrag

Disciplinas Científicas
Wetenschappelijke Discip

Anatomía	Anatomie
Arqueología	Archeologie
Astronomía	Astronomie
Biología	Biologie
Bioquímica	Biochemie
Botánica	Plantkunde
Ecología	Ecologie
Fisiología	Fysiologie
Geología	Geologie
Inmunología	Immunologie
Lingüística	Taalkunde
Mecánica	Mechanica
Meteorología	Meteorologie
Mineralogía	Mineralogie
Neurología	Neurologie
Nutrición	Voeding
Psicología	Psychologie
Química	Chemie
Sociología	Sociologie
Zoología	Zoölogie

Días y Meses
Dagen en Maanden

Abril	April
Agosto	Augustus
Año	Jaar
Calendario	Kalender
Domingo	Zondag
Enero	Januari
Febrero	Februari
Jueves	Donderdag
Julio	Juli
Junio	Juni
Lunes	Maandag
Martes	Dinsdag
Mes	Maand
Miércoles	Woensdag
Noviembre	November
Octubre	Oktober
Sábado	Zaterdag
Semana	Week
Septiembre	September
Viernes	Vrijdag

Edificios
Gebouwen

Albergue	Herberg
Apartamento	Appartement
Castillo	Kasteel
Cine	Bioscoop
Embajada	Ambassade
Escuela	School
Estadio	Stadion
Fábrica	Fabriek
Garaje	Garage
Granero	Schuur
Granja	Boerderij
Hospital	Ziekenhuis
Hotel	Hotel
Laboratorio	Laboratorium
Museo	Museum
Observatorio	Observatorium
Supermercado	Supermarkt
Teatro	Theater
Torre	Toren
Universidad	Universiteit

Energía
Energie

Batería	Accu
Calor	Warmte
Carbono	Koolstof
Combustible	Brandstof
Contaminación	Vervuiling
Diesel	Diesel
Electrón	Elektron
Eléctrico	Elektrisch
Entropía	Entropie
Fotón	Foton
Gasolina	Benzine
Hidrógeno	Waterstof
Industria	Industrie
Motor	Motor
Nuclear	Nucleair
Renovable	Hernieuwbaar
Sol	Zon
Turbina	Turbine
Vapor	Stoom
Viento	Wind

Enfermedad
Ziekte

Abdominal	Buik
Agudo	Acuut
Alergias	Allergieën
Bacteriano	Bacterieel
Contagioso	Besmettelijk
Corazón	Hart
Crónica	Chronisch
Cuerpo	Lichaam
Débil	Zwak
Genético	Genetisch
Hereditario	Erfelijk
Huesos	Botten
Inflamación	Ontsteking
Inmunidad	Immuniteit
Lumbar	Lenden-
Neuropatía	Neuropathie
Respiratorio	Ademhaling
Salud	Gezondheid
Síndrome	Syndroom
Terapia	Therapie

Especias
Specerijen

Agrio	Zuur
Ajo	Knoflook
Amargo	Bitter
Anís	Anijs
Azafrán	Saffraan
Canela	Kaneel
Cebolla	Ui
Clavo	Kruidnagel
Comino	Komijn
Curry	Kerrie
Dulce	Zoet
Hinojo	Venkel
Jengibre	Gember
Nuez Moscada	Nootmuskaat
Pimentón	Paprika
Pimienta	Peper
Regaliz	Drop
Sabor	Smaak
Sal	Zout
Vainilla	Vanille

Familia
Familie

Abuela	Grootmoeder
Abuelo	Opa
Antepasado	Voorouder
Esposa	Vrouw
Gemelos	Tweeling
Hermana	Zus
Hermano	Broer
Hija	Dochter
Infancia	Jeugd
Madre	Moeder
Marido	Man
Nieto	Kleinzoon
Niño	Kind
Niños	Kinderen
Padre	Vader
Paterno	Vaderlijk
Sobrina	Nicht
Sobrino	Neef
Tía	Tante
Tío	Oom

Física
Natuurkunde

Aceleración	Versnelling
Átomo	Atoom
Caos	Chaos
Densidad	Dichtheid
Electrón	Elektron
Fórmula	Formule
Frecuencia	Frequentie
Gas	Gas
Gravedad	Zwaartekracht
Magnetismo	Magnetisme
Masa	Massa
Mecánica	Mechanica
Molécula	Molecuul
Motor	Motor
Nuclear	Nucleair
Partícula	Deeltje
Químico	Chemisch
Relatividad	Relativiteit
Universal	Universeel
Velocidad	Snelheid

Flores
Bloemen

Amapola	Papaver
Diente de León	Paardebloem
Gardenia	Gardenia
Girasol	Zonnebloem
Hibisco	Hibiscus
Jazmín	Jasmijn
Lavanda	Lavendel
Lila	Lila
Lirio	Lelie
Magnolia	Magnolia
Margarita	Madeliefje
Narciso	Narcis
Orquídea	Orchidee
Pasionaria	Passiebloem
Peonía	Pioenroos
Pétalo	Bloemblad
Ramo	Boeket
Rosa	Roos
Trébol	Klaver
Tulipán	Tulp

Formas
Vormen

Arco	Boog
Bordes	Randen
Cilindro	Cilinder
Círculo	Cirkel
Cono	Kegel
Cuadrado	Vierkant
Cubo	Kubus
Curva	Curve
Esfera	Bol
Esquina	Hoek
Hipérbola	Hyperbool
Lado	Kant
Línea	Lijn
Oval	Ovaal
Pirámide	Piramide
Polígono	Veelhoek
Prisma	Prisma
Rectángulo	Rechthoek
Ronda	Ronde
Triángulo	Driehoek

Fruta
Fruit

Aguacate	Avocado
Albaricoque	Abrikoos
Baya	Bes
Cereza	Kers
Coco	Kokosnoot
Frambuesa	Framboos
Guayaba	Guave
Kiwi	Kiwi
Limón	Citroen
Mango	Mango
Manzana	Appel
Melocotón	Perzik
Melón	Meloen
Naranja	Oranje
Nectarina	Nectarine
Papaya	Papaja
Pera	Peer
Piña	Ananas
Plátano	Banaan
Uva	Druif

Fuerza y Gravedad
Kracht en Zwaartekracht

Centro	Centrum
Descubrimiento	Ontdekking
Dinámico	Dynamisch
Distancia	Afstand
Eje	As
Expansión	Uitbreiding
Física	Natuurkunde
Fricción	Wrijving
Impacto	Impact
Magnetismo	Magnetisme
Magnitud	Omvang
Mecánica	Mechanica
Órbita	Baan
Peso	Gewicht
Planetas	Planeten
Presión	Druk
Propiedades	Eigendommen
Tiempo	Tijd
Universal	Universeel
Velocidad	Snelheid

Geografía
Geografie

Altitud	Hoogte
Atlas	Atlas
Ciudad	Stad
Continente	Continent
Hemisferio	Halfrond
Isla	Eiland
Latitud	Breedtegraad
Longitud	Lengtegraad
Mapa	Kaart
Mar	Zee
Meridiano	Meridiaan
Montaña	Berg
Mundo	Wereld
Norte	Noorden
Oeste	Westen
País	Land
Región	Regio
Río	Rivier
Sur	Zuiden
Territorio	Grondgebied

Geología
Geologie

Ácido	Zuur
Calcio	Calcium
Capa	Laag
Caverna	Grot
Continente	Continent
Coral	Koraal
Cristales	Kristallen
Cuarzo	Kwarts
Erosión	Erosie
Estalactita	Stalactiet
Estalagmitas	Stalagmieten
Fósil	Fossiel
Géiser	Geiser
Lava	Lava
Meseta	Plateau
Minerales	Mineralen
Piedra	Steen
Sal	Zout
Terremoto	Aardbeving
Volcán	Vulkaan

Geometría
Geometrie

Altura	Hoogte
Ángulo	Hoek
Cálculo	Berekening
Curva	Curve
Diámetro	Diameter
Dimensión	Dimensie
Ecuación	Vergelijking
Horizontal	Horizontaal
Lógica	Logica
Masa	Massa
Mediana	Mediaan
Número	Nummer
Paralelo	Parallel
Proporción	Proportie
Segmento	Segment
Simetría	Symmetrie
Superficie	Oppervlak
Teoría	Theorie
Triángulo	Driehoek
Vertical	Verticaal

Gobierno
Overheid

Ciudadanía	Burgerschap
Civil	Civiel
Constitución	Grondwet
Democracia	Democratie
Derechos	Rechten
Discurso	Toespraak
Discusión	Discussie
Distrito	Wijk
Estado	Staat
Igualdad	Gelijkheid
Judicial	Gerechtelijk
Justicia	Gerechtigheid
Ley	Wet
Libertad	Vrijheid
Líder	Leider
Monumento	Monument
Nacional	Nationaal
Nación	Natie
Política	Politiek
Símbolo	Symbool

Granja #1
Boerderij #1

Abeja	Bij
Agricultura	Landbouw
Agua	Water
Arroz	Rijst
Burro	Ezel
Caballo	Paard
Cabra	Geit
Campo	Veld
Cuervo	Kraai
Fertilizante	Mest
Gato	Kat
Heno	Hooi
Miel	Honing
Perro	Hond
Pollo	Kip
Semillas	Zaden
Ternero	Kalf
Tierra	Land
Vaca	Koe
Valla	Hek

Granja #2
Boerderij #2

Agricultor	Boer
Animales	Dieren
Cebada	Gerst
Colmena	Bijenkorf
Comida	Voedsel
Cordero	Lam
Fruta	Fruit
Granero	Schuur
Huerto	Boomgaard
Leche	Melk
Llama	Lama
Maíz	Maïs
Oveja	Schaap
Pastor	Herder
Pato	Eend
Prado	Weide
Riego	Irrigatie
Tractor	Tractor
Trigo	Tarwe
Vegetal	Groente

Herboristería
Herbalisme

Ajo	Knoflook
Albahaca	Basilicum
Aromático	Aromatisch
Azafrán	Saffraan
Calidad	Kwaliteit
Culinario	Culinair
Eneldo	Dille
Estragón	Dragon
Flor	Bloem
Hinojo	Venkel
Ingrediente	Ingrediënt
Jardín	Tuin
Lavanda	Lavendel
Mejorana	Marjolein
Menta	Munt
Perejil	Peterselie
Planta	Plant
Romero	Rozemarijn
Sabor	Smaak
Verde	Groen

Ingeniería
Engineering

Ángulo	Hoek
Cálculo	Berekening
Construcción	Bouw
Diagrama	Diagram
Diámetro	Diameter
Diesel	Diesel
Distribución	Distributie
Eje	As
Energía	Energie
Estabilidad	Stabiliteit
Estructura	Structuur
Fricción	Wrijving
Fuerza	Kracht
Líquido	Vloeistof
Máquina	Machine
Medición	Meting
Motor	Motor
Palancas	Hefbomen
Profundidad	Diepte
Propulsión	Voortstuwing

Instrumentos Musicales
Muziekinstrumenten

Armónica	Mondharmonica
Arpa	Harp
Banjo	Banjo
Clarinete	Klarinet
Fagot	Fagot
Flauta	Fluit
Gong	Gong
Guitarra	Gitaar
Mandolina	Mandoline
Marimba	Marimba
Oboe	Hobo
Pandereta	Tamboerijn
Percusión	Percussie
Piano	Piano
Saxofón	Saxofoon
Tambor	Trommel
Trombón	Trombone
Trompeta	Trompet
Violín	Viool
Violonchelo	Cello

Jardín
Tuin

Arbusto	Struik
Árbol	Boom
Banco	Bank
Césped	Gazon
Estanque	Vijver
Flor	Bloem
Garaje	Garage
Hamaca	Hangmat
Hierba	Gras
Huerto	Boomgaard
Jardín	Tuin
Malezas	Onkruid
Manguera	Slang
Pala	Schop
Porche	Veranda
Rastrillo	Hark
Suelo	Bodem
Terraza	Terras
Trampolín	Trampoline
Valla	Hek

Jazz
Jazz

Artista	Artiest
Álbum	Album
Canción	Lied
Composición	Samenstelling
Compositor	Componist
Concierto	Concert
Estilo	Stijl
Énfasis	Nadruk
Famoso	Beroemd
Favoritos	Favorieten
Género	Genre
Improvisación	Improvisatie
Música	Muziek
Nuevo	Nieuw
Orquesta	Orkest
Ritmo	Ritme
Talento	Talent
Tambores	Drums
Técnica	Techniek
Viejo	Oud

La Empresa
Het Bedrijf

Calidad	Kwaliteit
Creativo	Creatief
Decisión	Beslissing
Generar	Genereren
Global	Globaal
Industria	Industrie
Ingresos	Inkomsten
Innovador	Innovatief
Inversión	Investering
Negocio	Zaak
Posibilidad	Mogelijkheid
Presentación	Presentatie
Producto	Product
Profesional	Professioneel
Progreso	Vooruitgang
Reputación	Reputatie
Riesgos	Risico'S
Salarios	Loon
Tendencias	Trends
Unidades	Eenheden

Libros
Boeken

Autor	Auteur
Aventura	Avontuur
Colección	Collectie
Contexto	Context
Dualidad	Dualiteit
Escrito	Geschreven
Historia	Verhaal
Histórico	Historisch
Humorístico	Humoristisch
Inventivo	Inventief
Lector	Lezer
Literario	Literair
Narrador	Verteller
Novela	Roman
Página	Bladzijde
Pertinente	Relevant
Poema	Gedicht
Poesía	Poëzie
Serie	Serie
Trágico	Tragisch

Literatura
Literatuur

Analogía	Analogie
Análisis	Analyse
Anécdota	Anekdote
Autor	Auteur
Biografía	Biografie
Comparación	Vergelijking
Conclusión	Conclusie
Descripción	Omschrijving
Diálogo	Dialoog
Estilo	Stijl
Ficción	Fictie
Metáfora	Metafoor
Narrador	Verteller
Novela	Roman
Poema	Gedicht
Poético	Poëtisch
Rima	Rijm
Ritmo	Ritme
Tema	Thema
Tragedia	Tragedie

Los Medios de Comunicación
De Media

Actitudes	Houding
Comercial	Commercieel
Comunicación	Communicatie
Digital	Digitaal
Edición	Editie
Educación	Onderwijs
En Línea	Online
Financiación	Financiering
Fotos	Foto'S
Hechos	Feiten
Industria	Industrie
Intelectual	Intellectueel
Local	Lokaal
Opinión	Mening
Periódicos	Kranten
Público	Publiek
Radio	Radio
Red	Netwerk
Revistas	Tijdschriften
Televisión	Televisie

Mamíferos
Zoogdieren

Ballena	Walvis
Burro	Ezel
Caballo	Paard
Camello	Kameel
Canguro	Kangoeroe
Cebra	Zebra
Conejo	Konijn
Coyote	Coyote
Delfín	Dolfijn
Elefante	Olifant
Gato	Kat
Gorila	Gorilla
Jirafa	Giraf
Lobo	Wolf
Mono	Aap
Oso	Beer
Oveja	Schaap
Perro	Hond
Toro	Stier
Zorro	Vos

Matemáticas
Wiskunde

Aritmética	Rekenkundig
Ángulos	Hoeken
Circunferencia	Omtrek
Cuadrado	Vierkant
Decimal	Decimaal
Diámetro	Diameter
Ecuación	Vergelijking
Esfera	Bol
Exponente	Exponent
Fracción	Fractie
Geometría	Geometrie
Números	Cijfers
Paralelo	Parallel
Perpendicular	Loodrecht
Polígono	Veelhoek
Radio	Straal
Rectángulo	Rechthoek
Simetría	Symmetrie
Triángulo	Driehoek
Volumen	Volume

Mediciones
Metingen

Altura	Hoogte
Ancho	Breedte
Byte	Byte
Centímetro	Centimeter
Decimal	Decimaal
Grado	Graad
Gramo	Gram
Kilogramo	Kilogram
Kilómetro	Kilometer
Litro	Liter
Longitud	Lengte
Masa	Massa
Metro	Meter
Minuto	Minuut
Onza	Ons
Peso	Gewicht
Profundidad	Diepte
Pulgada	Inch
Tonelada	Ton
Volumen	Volume

Meditación
Meditatie

Aceptación	Aanvaarding
Atención	Aandacht
Calma	Kalm
Claridad	Helderheid
Compasión	Mededogen
Emociones	Emoties
Felicidad	Geluk
Gratitud	Dankbaarheid
Mental	Mentaal
Mente	Geest
Movimiento	Beweging
Música	Muziek
Naturaleza	Natuur
Observación	Observatie
Paz	Vrede
Pensamientos	Gedachten
Perspectiva	Perspectief
Postura	Houding
Respiración	Ademhaling
Silencio	Stilte

Mitología
Mythologie

Arquetipo	Archetype
Celos	Jaloezie
Cielo	Hemel
Comportamiento	Gedrag
Creación	Creatie
Creencias	Overtuigingen
Criatura	Wezen
Cultura	Cultuur
Deidades	Godheden
Desastre	Ramp
Fuerza	Kracht
Guerrero	Krijger
Héroe	Held
Laberinto	Doolhof
Leyenda	Legende
Monstruo	Monster
Mortal	Sterfelijk
Rayo	Bliksem
Trueno	Donder
Venganza	Wraak

Música
Muziek

Armonía	Harmonie
Armónico	Harmonisch
Álbum	Album
Balada	Ballade
Cantante	Zanger
Cantar	Zingen
Clásico	Klassiek
Coro	Koor
Grabación	Opname
Improvisar	Improviseren
Instrumento	Instrument
Melodía	Melodie
Micrófono	Microfoon
Musical	Muzikaal
Músico	Muzikant
Ópera	Opera
Poético	Poëtisch
Ritmo	Ritme
Tempo	Tempo
Vocal	Vocaal

Naturaleza
Natuur

Abejas	Bijen
Animales	Dieren
Ártico	Arctisch
Belleza	Schoonheid
Bosque	Bos
Desierto	Woestijn
Dinámico	Dynamisch
Erosión	Erosie
Follaje	Gebladerte
Glaciar	Gletsjer
Niebla	Mist
Nubes	Wolken
Pacífico	Rustig
Refugio	Schuilplaats
Río	Rivier
Salvaje	Wild
Santuario	Heiligdom
Sereno	Sereen
Tropical	Tropisch
Vital	Vitaal

Negocio
Zakelijk

Carrera	Carrière
Costo	Kosten
Descuento	Korting
Dinero	Geld
Economía	Economie
Empleado	Werknemer
Empleador	Werkgever
Empresa	Bedrijf
Fábrica	Fabriek
Finanzas	Financiën
Impuestos	Belastingen
Inversión	Investering
Mercancía	Handelswaar
Moneda	Valuta
Oficina	Kantoor
Presupuesto	Begroting
Tienda	Winkel
Trabajo	Baan
Transacción	Transactie
Venta	Verkoop

Nutrición
Voeding

Amargo	Bitter
Apetito	Eetlust
Calidad	Kwaliteit
Calorías	Calorieën
Carbohidratos	Koolhydraten
Cereales	Granen
Comestible	Eetbaar
Dieta	Dieet
Equilibrado	Evenwichtig
Fermentación	Fermentatie
Líquidos	Vloeistoffen
Nutriente	Voedingsstof
Peso	Gewicht
Proteínas	Eiwitten
Sabor	Smaak
Salsa	Saus
Salud	Gezondheid
Saludable	Gezond
Toxina	Toxine
Vitamina	Vitamine

Números
Getallen

Catorce	Veertien
Cero	Nul
Cinco	Vijf
Cuatro	Vier
Decimal	Decimaal
Diecinueve	Negentien
Dieciocho	Achttien
Dieciséis	Zestien
Diecisiete	Zeventien
Diez	Tien
Doce	Twaalf
Dos	Twee
Nueve	Negen
Ocho	Acht
Quince	Vijftien
Seis	Zes
Siete	Zeven
Trece	Dertien
Tres	Drie
Veinte	Twintig

Océano
Oceaan

Alga	Algen
Anguila	Aal
Arrecife	Rif
Atún	Tonijn
Ballena	Walvis
Barco	Boot
Camarón	Garnaal
Cangrejo	Krab
Coral	Koraal
Delfín	Dolfijn
Esponja	Spons
Mareas	Getijden
Medusa	Kwal
Ostra	Oester
Pescado	Vis
Pulpo	Octopus
Sal	Zout
Tiburón	Haai
Tormenta	Storm
Tortuga	Schildpad

Paisajes
Landschappen

Cascada	Waterval
Cueva	Grot
Desierto	Woestijn
Estuario	Estuarium
Géiser	Geiser
Glaciar	Gletsjer
Iceberg	Ijsberg
Isla	Eiland
Lago	Meer
Laguna	Lagune
Mar	Zee
Montaña	Berg
Oasis	Oase
Pantano	Moeras
Península	Schiereiland
Playa	Strand
Río	Rivier
Tundra	Toendra
Valle	Vallei
Volcán	Vulkaan

Países #1
Landen #1

Alemania	Duitsland
Argentina	Argentinië
Bélgica	België
Brasil	Brazilië
Canadá	Canada
Ecuador	Ecuador
Egipto	Egypte
España	Spanje
Filipinas	Filipijnen
Honduras	Honduras
India	India
Italia	Italië
Libia	Libië
Malí	Mali
Marruecos	Marokko
Nicaragua	Nicaragua
Noruega	Noorwegen
Panamá	Panama
Polonia	Polen
Venezuela	Venezuela

Países #2
Landen #2

Albania	Albani
Australia	Australië
Austria	Oostenrijk
Dinamarca	Denemarken
Etiopía	Ethiopië
Francia	Frankrijk
Grecia	Griekenland
Indonesia	Indonesië
Irlanda	Ierland
Jamaica	Jamaica
Japón	Japan
Laos	Laos
México	Mexico
Pakistán	Pakistan
Portugal	Portugal
Rusia	Rusland
Siria	Syrië
Sudán	Soedan
Ucrania	Oekraïne
Uganda	Oeganda

Pájaros
Vogels

Avestruz	Struisvogel
Águila	Adelaar
Cigüeña	Ooievaar
Cisne	Zwaan
Cuco	Koekoek
Cuervo	Kraai
Flamenco	Flamingo
Ganso	Gans
Garza	Reiger
Gaviota	Meeuw
Gorrión	Mus
Halcón	Havik
Huevo	Ei
Loro	Papegaai
Paloma	Duif
Pato	Eend
Pelícano	Pelikaan
Pingüino	Pinguïn
Pollo	Kip
Tucán	Toekan

Plantas
Installaties

Arbusto	Struik
Árbol	Boom
Bambú	Bamboe
Baya	Bes
Bosque	Bos
Botánica	Plantkunde
Cactus	Cactus
Fertilizante	Mest
Flor	Bloem
Flora	Flora
Follaje	Gebladerte
Frijol	Boon
Hiedra	Klimop
Hierba	Gras
Hoja	Blad
Jardín	Tuin
Musgo	Mos
Pétalo	Bloemblad
Raíz	Wortel
Vegetación	Vegetatie

Profesiones #1
Beroepen #1

Abogado	Advocaat
Astrónomo	Astronoom
Atleta	Atleet
Bailarín	Danser
Banquero	Bankier
Bombero	Brandweerman
Cartógrafo	Cartograaf
Cazador	Jager
Doctor	Dokter
Editor	Editor
Embajador	Ambassadeur
Enfermera	Verpleegster
Entrenador	Trainer
Fontanero	Loodgieter
Geólogo	Geoloog
Joyero	Juwelier
Músico	Muzikant
Pianista	Pianist
Psicólogo	Psycholoog
Veterinario	Dierenarts

Profesiones #2
Beroepen #2

Agricultor	Boer
Astronauta	Astronaut
Biólogo	Bioloog
Cirujano	Chirurg
Dentista	Tandarts
Detective	Detective
Filósofo	Filosoof
Fotógrafo	Fotograaf
Ilustrador	Illustrator
Ingeniero	Ingenieur
Inventor	Uitvinder
Investigador	Onderzoeker
Jardinero	Tuinman
Lingüista	Linguïst
Médico	Arts
Periodista	Journalist
Piloto	Piloot
Pintor	Schilder
Profesor	Leraar
Zoólogo	Zoöloog

Psicología
Psychologie

Cita	Afspraak
Clínico	Klinisch
Cognición	Cognitie
Comportamiento	Gedrag
Conflicto	Conflict
Ego	Ego
Emociones	Emoties
Evaluación	Beoordeling
Experiencias	Ervaringen
Ideas	Ideeën
Inconsciente	Bewusteloos
Infancia	Jeugd
Pensamientos	Gedachten
Percepción	Perceptie
Problema	Probleem
Realidad	Realiteit
Sensación	Gevoel
Subconsciente	Onderbewust
Sueños	Dromen
Terapia	Therapie

Química
Chemie

Alcalino	Alkalisch
Ácido	Zuur
Calor	Warmte
Carbono	Koolstof
Catalizador	Katalysator
Cloro	Chloor
Electrón	Elektron
Enzima	Enzym
Gas	Gas
Hidrógeno	Waterstof
Ion	Ion
Líquido	Vloeistof
Metales	Metalen
Molécula	Molecuul
Nuclear	Nucleair
Oxígeno	Zuurstof
Peso	Gewicht
Reacción	Reactie
Sal	Zout
Temperatura	Temperatuur

Restaurante #1
Restaurant #1

Alergia	Allergie
Café	Koffie
Cajero	Kassier
Camarera	Serveerster
Carne	Vlees
Cocina	Keuken
Comer	Eten
Comida	Voedsel
Cuchillo	Mes
Ingredientes	Ingrediënten
Menú	Menu
Pan	Brood
Picante	Pittig
Plato	Bord
Pollo	Kip
Postre	Toetje
Reserva	Reservering
Salsa	Saus
Servilleta	Servet
Tazón	Kom

Restaurante #2
Restaurant #2

Agua	Water
Almuerzo	Lunch
Aperitivo	Voorgerecht
Bebida	Drank
Camarero	Ober
Cena	Diner
Cuchara	Lepel
Delicioso	Heerlijk
Ensalada	Salade
Especias	Specerijen
Fruta	Fruit
Hielo	Ijs
Huevos	Eieren
Pastel	Cake
Pescado	Vis
Sal	Zout
Silla	Stoel
Sopa	Soep
Tenedor	Vork
Verduras	Groente

Ropa
Kleding

Abrigo	Jas
Blusa	Blouse
Bufanda	Sjaal
Camisa	Shirt
Chaqueta	Jasje
Cinturón	Riem
Collar	Ketting
Delantal	Schort
Falda	Rok
Guantes	Handschoenen
Joyas	Sieraden
Moda	Mode
Pantalones	Broek
Pijama	Pyjama
Pulsera	Armband
Sandalias	Sandalen
Sombrero	Hoed
Suéter	Trui
Vestido	Jurk
Zapato	Schoen

Salud y Bienestar #1
Gezondheid en Welzijn #1

Activo	Actief
Altura	Hoogte
Bacterias	Bacteriën
Clínica	Kliniek
Doctor	Dokter
Farmacia	Apotheek
Fractura	Breuk
Hambre	Honger
Hábito	Gewoonte
Hormonas	Hormonen
Huesos	Botten
Medicina	Medicijn
Músculos	Spieren
Piel	Huid
Postura	Houding
Reflejo	Reflex
Relajación	Ontspanning
Terapia	Therapie
Tratamiento	Behandeling
Virus	Virus

Salud y Bienestar #2
Gezondheid en Welzijn #2

Alergia	Allergie
Anatomía	Anatomie
Apetito	Eetlust
Caloría	Calorie
Deshidratación	Dehydratie
Dieta	Dieet
Energía	Energie
Enfermedad	Ziekte
Estrés	Stress
Genética	Genetica
Higiene	Hygiëne
Hospital	Ziekenhuis
Infección	Infectie
Masaje	Massage
Nutrición	Voeding
Peso	Gewicht
Recuperación	Herstel
Saludable	Gezond
Sangre	Bloed
Vitamina	Vitamine

Selva Tropical
Regenwoud

Anfibios	Amfibieën
Botánico	Botanisch
Clima	Klimaat
Comunidad	Gemeenschap
Diversidad	Diversiteit
Especie	Soort
Indígena	Inheems
Insectos	Insecten
Mamíferos	Zoogdieren
Musgo	Mos
Naturaleza	Natuur
Nubes	Wolken
Pájaros	Vogels
Preservación	Behoud
Refugio	Toevlucht
Respeto	Respect
Restauración	Restauratie
Selva	Jungle
Supervivencia	Overleving
Valioso	Waardevol

Senderismo
Wandelen

Acantilado	Klif
Agua	Water
Animales	Dieren
Botas	Laarzen
Camping	Kamperen
Cansado	Moe
Clima	Klimaat
Cumbre	Top
Guías	Gidsen
Mapa	Kaart
Montaña	Berg
Mosquitos	Muggen
Naturaleza	Natuur
Orientación	Oriëntatie
Parques	Parken
Pesado	Zwaar
Piedras	Stenen
Preparación	Voorbereiding
Salvaje	Wild
Sol	Zon

Suministros de Arte
Kunstbenodigdheden

Aceite	Olie
Acrílico	Acryl
Acuarelas	Aquarellen
Agua	Water
Arcilla	Klei
Borrador	Gom
Caballete	Ezel
Cámara	Camera
Cepillos	Borstels
Colores	Kleuren
Creatividad	Creativiteit
Ideas	Ideeën
Lápices	Potloden
Mesa	Tafel
Papel	Papier
Pasteles	Pastel
Pegamento	Lijm
Pinturas	Verf
Silla	Stoel
Tinta	Inkt

Tiempo
Tijd

Ahora	Nu
Antes	Voor
Anual	Jaarlijks
Año	Jaar
Ayer	Gisteren
Calendario	Kalender
Década	Decennium
Día	Dag
Futuro	Toekomst
Hora	Uur
Hoy	Vandaag
Mañana	Ochtend
Mediodía	Middag
Mes	Maand
Minuto	Minuut
Momento	Moment
Noche	Nacht
Reloj	Klok
Semana	Week
Siglo	Eeuw

Tipos de Cabello
Haartypes

Blanco	Wit
Brillante	Glimmend
Calvo	Kaal
Corto	Kort
Delgada	Dun
Gris	Grijs
Grueso	Dik
Largo	Lang
Marrón	Bruin
Negro	Zwart
Ondulado	Golvend
Plata	Zilver
Rizado	Krullend
Rizos	Krullen
Rubio	Blond
Saludable	Gezond
Seco	Droog
Suave	Zacht
Trenzado	Gevlochten
Trenzas	Vlechten

Universo

Universum

Asteroide	Asteroïde
Astronomía	Astronomie
Astrónomo	Astronoom
Atmósfera	Atmosfeer
Cielo	Hemel
Cósmico	Kosmisch
Ecuador	Evenaar
Hemisferio	Halfrond
Horizonte	Horizon
Inclinación	Kantelen
Latitud	Breedtegraad
Longitud	Lengtegraad
Luna	Maan
Oscuridad	Duisternis
Órbita	Baan
Solar	Zonne
Solsticio	Zonnewende
Telescopio	Telescoop
Visible	Zichtbaar
Zodíaco	Dierenriem

Vacaciones #2

Vakantie #2

Aeropuerto	Luchthaven
Carpa	Tent
Destino	Bestemming
Extranjero	Buitenlander
Fotos	Foto'S
Hotel	Hotel
Isla	Eiland
Mapa	Kaart
Mar	Zee
Ocio	Vrije Tijd
Pasaporte	Paspoort
Playa	Strand
Reservas	Reserveringen
Restaurante	Restaurant
Taxi	Taxi
Transporte	Vervoer
Tren	Trein
Vacaciones	Vakantie
Viaje	Reis
Visa	Visum

Vehículos

Voertuigen

Ambulancia	Ambulance
Autobús	Bus
Avión	Vliegtuig
Balsa	Vlot
Barco	Boot
Bicicleta	Fiets
Camión	Vrachtauto
Caravana	Caravan
Coche	Auto
Cohete	Raket
Ferry	Veerboot
Helicóptero	Helikopter
Lanzadera	Shuttle
Metro	Metro
Motor	Motor
Neumáticos	Banden
Submarino	Onderzeeër
Taxi	Taxi
Tractor	Tractor
Tren	Trein

Verduras

Groenten

Ajo	Knoflook
Alcachofa	Artisjok
Apio	Selderij
Berenjena	Aubergine
Brócoli	Broccoli
Calabaza	Pompoen
Cebolla	Ui
Ensalada	Salade
Espinacas	Spinazie
Guisante	Erwt
Jengibre	Gember
Nabo	Raap
Oliva	Olijf
Patata	Aardappel
Pepino	Komkommer
Perejil	Peterselie
Rábano	Radijs
Seta	Paddestoel
Tomate	Tomaat
Zanahoria	Wortel

Enhorabuena

Lo has conseguido!

Esperamos que hayas disfrutado de este libro tanto como nosotros al diseñarlo. Nos esforzamos por crear libros de la máxima calidad posible.
Esta edición está diseñada para proporcionar un aprendizaje inteligente, de calidad y divertido!

¿Te ha gustado este libro?

Una Petición Sencilla

Estos libros existen gracias a las reseñas que se publican.
¿Podrías ayudarnos dejando una reseña ahora?
Aquí tienes un breve enlace a la página de reseñas

BestBooksActivity.com/Opiniones50

¡DESAFÍO FINAL!

Reto n°1

¿Estás listo para tu juego gratis? Los utilizamos siempre, pero no son tan fáciles de encontrar. ¡Aquí están los Sinónimos!
Escribe 5 palabras que hayas encontrado en los rompecabezas (#21, #36, #76) y trata de encontrar 2 sinónimos para cada palabra.

Escriba 5 palabras del ***Puzzle 21***

Palabras	Sinónimo 1	Sinónimo 2

Escriba 5 palabras del ***Puzzle 36***

Palabras	Sinónimo 1	Sinónimo 2

Escriba 5 palabras del ***Puzzle 76***

Palabras	Sinónimo 1	Sinónimo 2

Reto n°2

Ahora que te has calentado, escribe 5 palabras que hayas encontrado en los Puzzles 9, 17 y 25 e intenta encontrar 2 antónimos para cada palabra. ¿Cuántos puedes encontrar en 20 minutos?

Escriba 5 palabras del ***Puzzle 9***

Palabras	Antónimo 1	Antónimo 2

Escriba 5 palabras del ***Puzzle 17***

Palabras	Antónimo 1	Antónimo 2

Escriba 5 palabras del ***Puzzle 25***

Palabras	Antónimo 1	Antónimo 2

Reto n°3

¡Genial! Este desafío final  no es nada para ti.

¿Preparado para el reto final? Elige 10 palabras que hayas descubierto en los diferentes rompecabezas y escríbelas a continuación.

1.	6.
2.	7.
3.	8.
4.	9.
5.	10.

Ahora escribe un texto pensando en una persona, un animal o un lugar que te guste.

Puedes usar la última página de este libro como borrador.

Tu Composición:

CUADERNO DE NOTAS :

HASTA PRONTO !

Todo el Equipo

DESCUBRA JUEGOS GRATIS

GO

BESTACTIVITYBOOKS.COM/FREEGAMES

www.ingramcontent.com/pod-product-compliance
Lightning Source LLC
Chambersburg PA
CBHW081703120626
46550CB00010B/3000
9798896702030